ESTE LIBRO
PERTENECE A:

....

....

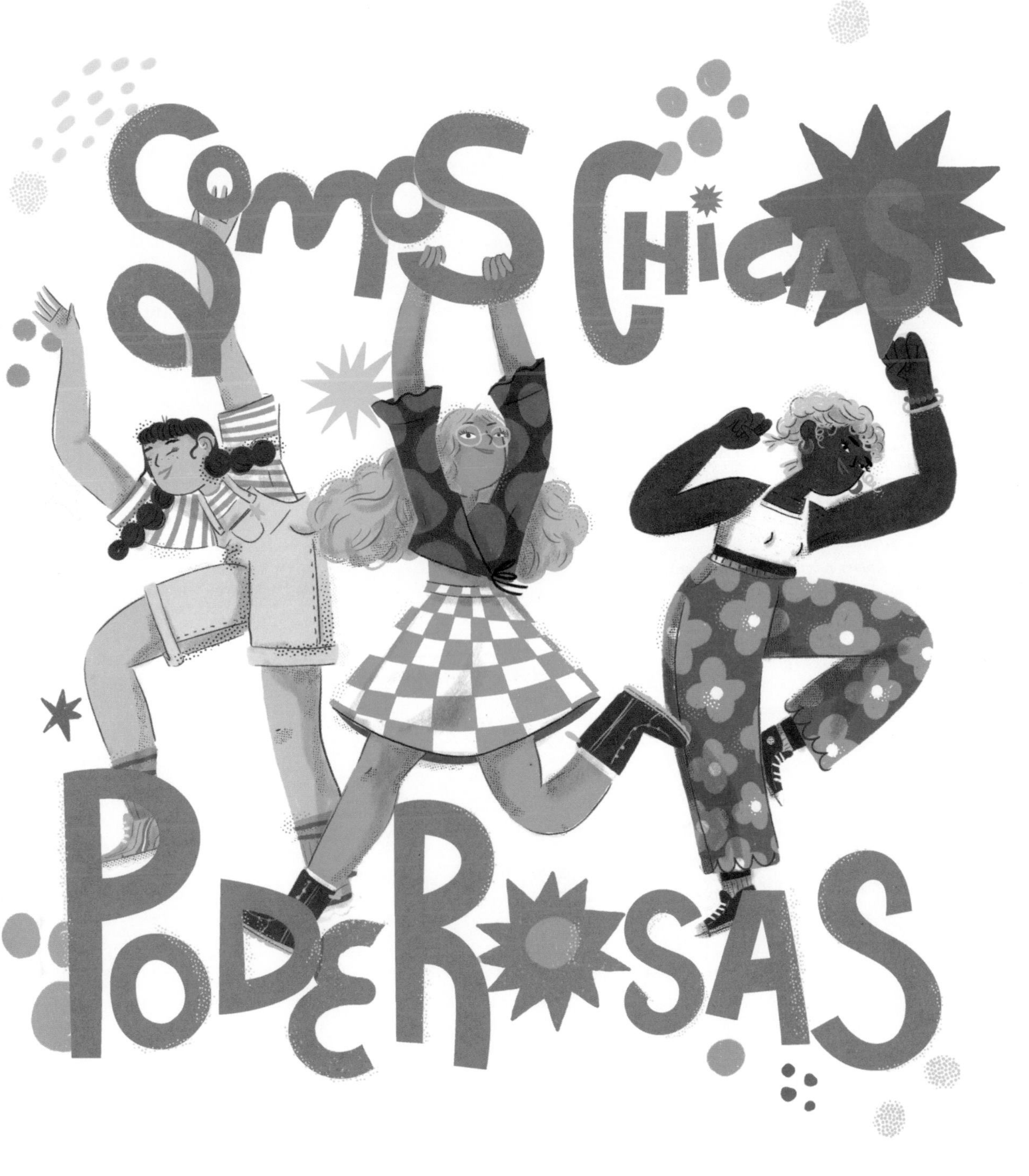
Somos Chicas
Poderosas

Texto: Nona Willis Aronowitz
Ilustración: Caribay Marquina
Dirección de arte: Giulia Flamini
Diseño gráfico: Kristen Brittain
Edición: Jess Harriton
Panel de expertas: Alexandra Vaccaro M.A., L.A.C.; Aline Topjian; Beth Lucas; Nicole Sparks, M.D.
Agradecimientos: Eliza Kirby, Grace Srinivasiah, Jes Wolfe, Sarah Parvis, y Marina Asenjo

De la edición en español:
Servicios editoriales: Cillero & de Motta
Traducción: Raquel Gracia y Claudia Itzkowich
Coordinación de proyecto: Lakshmi Asensio Fernández
Dirección editorial: Elsa Vicente

Publicado originalmente en Estados Unidos
en 2023 por Rebel Girls, Inc.
421 Elm Ave.
Larkspur, CA 94939
www.rebelgirls.com

El representante autorizado en el EEE es Dorling Kindersley Verlag GmbH.
Arnulfstr. 124, 80636 Múnich Alemania

ISBN: 978-0-5939-5993-0
Impreso en China
www.dkespañol.com

MIXTO
Papel | Apoyando la silvicultura responsable
FSC™ C018179

CONTENIDOS

Introducción 8

Capítulo 1:
Mi cerebro es poderoso 12

Tu cerebro se desarrolla...15

La salud también incluye tu mente.............................20

Quiz: ¿Eres perfeccionista?...25

Riesgos buenos y riesgos malos: cómo distinguirlos.............27

La montaña rusa de los sentimientos.........................36

Un mundo de emociones..38

Estrés, preocupación y ansiedad... ¡Vaya lío!.............48

Gestionar la tristeza..58

La pérdida de un ser querido......................................65

Ir a terapia te puede ayudar......................................67

¿Qué pasa si tu cerebro funciona diferente?............72

Pregunta a las expertas...76

Capítulo 2:
Mi cuerpo es fuerte 80

Cómo funciona tu cuerpo: un resumen.......................83

Cuerpos que funcionan un poquito diferente.............89

Prepárate para la pubertad...92

Tendrás tu primera regla...98

Cómo cuidar de tu nuevo cuerpo.......................106

Consejos para el cabello......................................117

Tu cuerpo es digno de admiración.....................119

¡En marcha!..127

Quiz: ¡Hora de hacer ejercicio! ¿Qué haces?.....132

Cómo alimentar tu cuerpo...................................134

Pregunta a las expertas..144

Capítulo 3:
Soy una parte importante de mi familia 148

Un asunto de familia...151

Hay muchos tipos de familias..............................158

Desacuerdos en casa...162

Quiz: ¿Cuál debería ser tu próximo plan en familia?...168

Tu lugar tranquilo..170

Formas de ayudar..175

Cómo gestionar tu dinero.....................................180

Pregunta a las expertas..182

Capítulo 4:
Juntas somos más fuertes 184

Bienvenida a la sororidad.....................................187

Ser una buena compañera.....................................196

Hacer amigos nuevos..200

Quiz: ¿Qué tan habladora eres?.....................................209

Redes sociales y mensajería.....................................211

Sobre el tema del bullying.....................................214

Sobre ser educada.....................................218

Peleas entre amigas: algo que sucederá.....................................220

Más que amigos.....................................227

Presión de grupo y hábitos poco saludables.....................................233

Pregunta a las expertas.....................................238

Capítulo 5:
Puedo hacer del mundo un lugar mejor......... 242

Lidiar con malas noticias.....................................245

Descubrir las causas que te importan.....................................249

Haz que tu voz se escuche.....................................252

Pensando en el futuro: ¿qué se me da realmente bien?.....................................262

Quiz: ¿Cuál es tu superpoder?.....................................266

Pregunta a las expertas.....................................270

Índice 274

Conoce a las creadoras 280

Conoce a las expertas............. 282

Más de Rebel Girls................. 284

Acerca de Rebel Girls.............. 286

INTRODUCCIÓN

¡Hola, rebelde!

Bienvenida a *Somos chicas poderosas*. Nos encanta que estés aquí. Quizás conozcas Rebel Girls por nuestros *Cuentos de buenas noches*, o por nuestro pódcast. Quizás incluso tengas una rebelde favorita, una cuya historia hayas leído o escuchado un millón de veces; alguien a quien te gustaría parecerte. Lo cierto es que nos encanta compartir historias inspiradoras de mujeres de éxito de todo el mundo. Pero ahora empezamos un nuevo y emocionante capítulo de nuestra historia.

En este libro, nos centramos en una rebelde increíble, curiosa y talentosa, con un gran corazón y miles de sueños por cumplir. ¿Sabes quién podría ser? Pues, sí, ¡eres TÚ! Así es, el libro que tienes en tus manos habla de ti, pero también de tu mejor amiga, de tu hermana, de tu prima, de... Bueno, ¡ya nos entiendes! *Somos chicas poderosas* está diseñado para el momento que atraviesas, una época en la que estás creciendo, aprendiendo y convirtiéndote en una persona brillante, amable y valiente.

En esta etapa de tu vida te enfrentarás a retos que pueden poner a prueba tu confianza. De hecho, son muchas las chicas que afirman perder parte de su confianza entre los 8 y los 14 años. Y eso no nos gusta. Por eso nos unimos a un grupo de rebeldes increíbles, con nuestra autora Nona Willis Aronowitz a la cabeza, para ayudarte a sortear esta época sin que tu confianza se vea afectada. Piensa en el libro que tienes entre las manos como un manual de instrucciones para este capítulo de tu vida. Resolveremos tus dudas, te contaremos lo que sabemos y te daremos consejos. Juntas, con curiosidad y alegría, haremos frente a los altibajos de la pubertad y de tu día a día.

¿En qué piensas si te hablamos de «hacerse mayor»? Tal vez sea en empezar en un sitio nuevo o en hacer amigos. Quizás en los cambios que experimenta tu cuerpo, o en que tienes más responsabilidades en casa. Puede que tu mente vaya a todas las formas en que puedes ayudar a tu comunidad ahora que cada vez eres más independiente. Tal vez incluso sientas mariposas en el estómago, o más bien la sensación de que no vas a ser capaz de almorzar. Por suerte para ti, sea lo que sea en lo que estés pensando y te sientas como te sientas, tenemos lo que necesitas.

¿Tienes muchas tareas de clase y eso te estresa? El capítulo 1 trata sobre cómo funciona la mente. Incluye un montón de trucos y consejos para gestionar la carga de trabajo sin perder la calma. ¿Tienes curiosidad por cómo será tu primera regla? En la página 98 te explicamos todo lo que debes saber. ¿Quieres reforzar la relación con tus amigos? En el capítulo 3 encontrarás un divertido juego de preguntas y respuestas que responder con ellos. ¿No sabes bien cómo entablar una conversación con alguien que no conoces? El capítulo 4 te muestra exactamente qué decirle a un posible nuevo amigo o amiga. ¿No sabes cómo poner en marcha una idea para un proyecto comunitario? ¡Hablamos de ello en el capítulo 5! Pase lo que pase y tengas las preguntas que tengas, sabemos qué se siente, y estamos aquí para ayudarte.

Además de todos nuestros consejos, cada capítulo incluye cuestionarios con los que descubrirás el tipo de actividad física que más se adapta a ti, cuál debería ser tu próximo plan con tu familia, cuál es tu superpoder oculto... ¡Y mucho más! En este libro también podrás leer historias y citas de rebeldes a las que admiras, así como notas de chicas de todo el mundo que están pasando por lo mismo que tú. Por último, al final de cada capítulo, nuestro equipo de expertas responde a preguntas que nos envían lectoras y oyentes de todo el mundo.

A veces, crecer puede resultar abrumador. Pero es algo increíble. A medida que tu cuerpo crezca y se haga más fuerte y tu mente se expanda, te irán surgiendo extraordinarias oportunidades de demostrar tus capacidades y puntos fuertes. Es todo un orgullo estar a tu lado durante esta maravillosa etapa y celebrarla contigo mientras vas superando todos los emocionantes hitos que conlleva hacerse mayor.

¡Sigue siendo una rebelde!

El equipo de
Rebel Girls

CAPÍTULO 1
Mi cerebro es poderoso

Mi cerebro es increíble.

Está repleto de pensamientos, ideas y sueños. Gracias a él hago de todo: desde bailar hasta matemáticas, pasando por memorizar la letra de mis canciones favoritas o imaginar historias en lugares lejanos. También gestiona mis sentimientos, ya sean pequeños enojos o esos que me hacen sentir calentita por dentro. Todavía se está desarrollando y, aunque esto sea genial, también puede resultar muy confuso. Pero saber es poder, ¿no crees? Aprender cómo funciona mi cerebro me ayudará a entender, descodificar y gestionar lo que me rodea.

TU CEREBRO SE DESARROLLA

Estás atravesando una época en la que aprendes y creces mucho, y buena parte de ello se lo debes a tu cerebro. Los cambios en tu cerebro pueden hacer que te sientas genial, como cuando ese concepto complicado de la clase de álgebra por fin cobra sentido y notas el *clic* en tu cabeza. Pero otros cambios no son tan buenos, como cuando tu hermana mancha tu suéter favorito y, de repente, tus emociones se disparan. Entender la razón por la que esto sucede es muy enriquecedor. ¡Allá vamos!

Este órgano blando de color gris dentro de tu cabeza se desarrolla a «estirones» y la época que estás viviendo coincide con una de las más importantes de su desarrollo. Tu cerebro se está «recableando», adaptándose a esta nueva fase de tu vida. ¿Y cuáles son los componentes que más trabajan? La **amígdala** y el **córtex prefrontal**.

La amígdala está en el centro del cerebro y se encarga de los GRANDES sentimientos, esos que a veces abruman: el miedo, la preocupación, la tristeza, la alegría... También es la parte del cerebro que envía señales sobre qué hacer en caso de estrés o peligro (los científicos hablan de la reacción de «lucha o huida», pero también lo podemos llamar «corazonada»). Ahora, tu amígdala

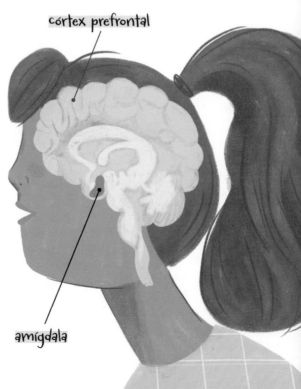

córtex prefrontal

amígdala

15

está madurando, pero aún no lo ha hecho del todo, por lo que regular las emociones puede ser difícil. ¿Sabes cuando de repente sientes que vas a romper a llorar? ¿O cuando tu estado de ánimo pasa de feliz y contento a molesto sin motivo aparente? Lo creas o no, es tu cerebro desarrollándose.

El córtex prefrontal, por su parte, está en la zona delantera del cerebro y nos ayuda a tomar decisiones, planificar nuestros días y reflexionar sobre lo que nos pasa. Es esa voz que te dice que hagas la tarea cuando lo que realmente se te antoja es seguir hablando con tu *bestie*.

El córtex prefrontal no alcanza su estado definitivo hasta los 25 años.

Antes de eso, es posible que cometas errores y tomes decisiones cuestionables que desearías no haber tomado. No pasa nada; aprender de esos momentos es parte de madurar.

¿Adónde va toda la información?

Nuestros cerebros reciben *mucha* información en
todo momento. Viene de profesores, familiares
y amigos, de nuestro teléfonos y televisores...
¡uf! ¿Cómo puede el cerebro procesarlo todo?
Para empezar, se ha descubierto que los
cerebros de los adultos y los de los niños lo
hacen de forma diferente. Mientras que los
adultos procesan la información principalmente
con el córtex prefrontal, los preadolescentes y
adolescentes utilizan más la amígdala. ¿Y te acuerdas de
que la amígdala está a cargo de las emociones? Quizás por eso estés *sintiendo*,
y no pensando, cuando decides andar en bici sin casco o gritarle a tu hermana
por entrar en tu habitación sin avisar.

Hay días en los que tu cerebro te permite hacer una pausa y pensar:
¿cómo me afectará esto en una hora, en un día, el año que viene? Pero otros
te costará no reaccionar a la situación del momento. Y, ya seas niña o adulta,
cada parte del cerebro se encarga de cosas diferentes. El cerebro se divide en
dos hemisferios, el derecho y el izquierdo. El derecho controla nuestro lado
más creativo y libre, mientras que el izquierdo está a cargo de la lógica y las
palabras. Hay quienes creen que algunas personas son de «cerebro derecho»
y otras de «cerebro izquierdo». Y, aunque sea divertido pensar que nuestra
personalidad viene de un lado o del otro, lo cierto es que todos utilizamos
ambos hemisferios del cerebro. Trabajan juntos en todo momento, sin
importar el tipo de persona seas.

No todos aprendemos igual

Todos los cerebros tienen los mismos componentes básicos, pero cada uno funciona a su manera.

Algunas personas aprenden mejor cuando ven las cosas: tienen un estilo de **aprendizaje visual**. Estas personas suelen tener una gran imaginación, y puede que al pensar, más que palabras, vean imágenes.

También hay quienes asimilan mejor el conocimiento al escuchar. ¿Y tú? ¿Recuerdas datos de tus conversaciones? ¿Repites palabras en voz alta o levantas mucho la mano en clase? Puede que lo tuyo sea el **aprendizaje auditivo**.

Después tenemos a los **ratones de biblioteca**, que aprenden al leer y escribir. Les encanta acurrucarse con una buena historia, tomar apuntes y escribir un diario. Al pensar, puede que su cerebro les muestre palabras en lugar de imágenes.

Por último, hay quienes aprenden con el tacto y el movimiento. Este estilo tiene un nombre peculiar: **aprendizaje kinestésico**. Si los Legos te encantaban cuando eras más pequeña o amabas hacer manualidades, puede que tu cerebro funcione mejor cuando tienes las manos ocupadas.

Por supuesto, muchos combinamos los diferentes estilos de aprendizaje. ¡Hay muchas cosas increíbles que ver, tocar, leer y hacer!

Deja volar tu imaginación

El cerebro no solo sirve para aprender. También sirve para crear. Es bueno que ejercites la parte artística de tu cerebro, el hemisferio derecho. Tu forma de aprender puede ayudarte a ser creativa. Por ejemplo, a quienes aprenden escuchando les suele encantar la música, y los ratones de biblioteca pueden llegar a convertirse en grandes poetas o novelistas. Pero la creatividad no se limita al arte: soñar despierta, hacer lluvias de ideas y resolver problemas (actividades del hemisferio izquierdo) también requieren creatividad. ¿Quieres más buenas noticias? Las emociones que filtra tu amígdala te harán ser aún *más* creativa cuando empieces a experimentar la vida con intensidad. Todo esto puede ser agotador, pero también muy divertido.

LA SALUD TAMBIÉN INCLUYE TU MENTE

¿En qué piensas al oír la palabra «sano»? Quizás sea en frutas y verduras, aire fresco y sol. Cuando un cuerpo está sano, te sientes fuerte. Y cuando no te sientes sana descansas, tomas un poco de sopa caliente o algún medicamento.

¿Sabes qué? La mente funciona de forma muy parecida.

La salud física es importante, pero cuidar de la mente también lo es. Tener una buena salud mental no significa estar feliz todo el tiempo. Solo quiere decir que tienes formas de afrontar las situaciones y sabes cómo calmarte cuando las cosas se ponen difíciles. Puedes ver más allá de tu propia vida y tus problemas y ser una buena amiga, hermana y parte de la comunidad. No es difícil sentirte bien cuando te pasan cosas buenas, ya sea que un examen te salga genial o que tu tía favorita venga de visita.

En un mundo perfecto, todos estaríamos siempre felices y relajados. Pero, igual que el cuerpo, la mente no siempre está en su mejor momento. Piénsalo así: si te tuerces el tobillo y se inflama, tienes que reposar, ponerte hielo y tomarte un ibuprofeno para sentirte mejor y que la inflamación baje. Pues bien, el cerebro también es una parte del cuerpo. Y, a veces, se puede sentir indispuesto o lesionado, y necesitar reposo o incluso algún medicamento. Tener problemas de salud mental no significa que hayamos hecho nada malo; solo tenemos que averiguar cuál es el problema y dar a nuestro cerebro lo que necesita para curarse.

Tu cerebro es un músculo

Sabemos que, para fortalecer nuestro cuerpo, debemos levantar pesas, saltar a la cuerda o jugar al futbol. Lo mismo ocurre con el cerebro. Para que se desarrolle y alcance su máximo potencial hay que ejercitarlo. Cada vez que ponemos nuestro cerebro a prueba y le pedimos que haga algo nuevo, es como si lo pusiéramos a hacer sentadillas.

Estas son algunas formas de ejercitar tu cerebro.

Lee

La mejor manera de aprender nuevas palabras y expresiones es leer, leer y leer. Libros, poemas, artículos e incluso letras de canciones; todas nos enseñan formas de comunicarnos distintas. Estás rodeada de estímulos y es cierto que leer requiere más concentración que, por ejemplo, mirar tu celular (o móvil, como prefieras llamarlo) o volver a ver los episodios de tu serie favorita. La lectura es una actividad más activa que mirar una pantalla, y te puede revelar nuevos lugares e ideas con las que antes ni siquiera habías soñado.

¿Quieres leer más? Crea un rincón de lectura acogedor en casa (un cojín suave y una mantita son suficientes). No te obligues a leer lo que crees que «deberías» leer. No pasa nada si no llegas a terminar un libro y quieres pasar al siguiente. Si no te gusta el misterio, prueba la ciencia ficción. ¡O lee poemas y relatos! Lo mejor de leer es que te guste de verdad, así que pide recomendaciones a quienes mejor te conocen. No hay nada mejor que sumergirte en un buen libro y, al levantar la vista, darte cuenta de que han pasado varias horas.

Memoriza

En clase te piden que memorices información, pero hay otras formas de poner a prueba la memoria. Puedes utilizar juegos de memoria, hacer sudokus o jugar a encadenar palabras (nos encanta «Me voy de vacaciones» en el que, antes de añadir un artículo nuevo, cada persona debe repetir lo que lo demás ya han metido en la maleta). Apréndete la letra de tu nueva canción favorita escuchando pequeños fragmentos una y otra vez para impresionar a todos en la próxima fiesta. La música también es útil para memorizar materias: la próxima vez que tengas un examen de geografía, prueba a cantar las respuestas al ritmo de una canción. Y rimar ayuda: ¿por qué no pruebas a escribir un poema?

Nuestros cuerpos también memorizan movimientos. Puedes aprenderte un baile frente al espejo, o practicar una (y otra) vez un truco de basquetbol. Con el tiempo, tus brazos y piernas serán capaces de dar el paso siguiente sin que tengas que pensar tanto. Para memorizar, la repetición y la paciencia son la clave.

Concéntrate y respira

A veces, el universo lanza muchas cosas a la vez. Fiestas de cumpleaños, tareas, obligaciones familiares, entrenamientos de natación... ¡muchas cosas! También puede ser que no ocurra nada, que estés en la cama con la luz apagada, intentando dormir, y tu mente no pare de dar vueltas a todo lo que haya ocurrido ese día. O quizás sea una noche de invierno en la que tienes que terminar un proyecto para ciencias, pero no logres concentrarte porque tu mente no deja de evocar días soleados o de recordar aquella vez que te metiste en un arroyo y pescaste cangrejos de río.

En esos momentos, intenta quedarte quieta. Y respira. Llena tu vientre de aire lentamente... Inspira mientras cuentas hasta cuatro... Haz una pausa de cuatro segundos más... Y expulsa al aire mientras cuentas hasta cuatro de nuevo. Si ves un pensamiento agobiante, salúdalo. Pero luego despídete de él. Si no logras concentrarte, busca en la habitación todos los tonos del color que prefieras. También puedes utilizar tus cinco sentidos y hacer una lista mental de las cosas que te rodean: algo que veas, algo que sientas, algo que saborees, algo que oigas y algo que huelas.

Con estos sencillos ejercicios acallarás esos pensamientos acelerados y ayudarás a tu cerebro a volver al presente. Notarás cómo la calma vuelve a tu cuerpo y las cosas empiezan a parecer menos abrumadoras. Los adultos lo llaman «mindfulness», pero tú puedes ponerle el nombre clave que quieras, como «tiempo de silencio».

Suéltalo

La ambición y el trabajo duro son buenos... con moderación. A veces nos presionamos demasiado para hacerlo todo bien. Nadie es perfecto todo el tiempo y el deseo de serlo, también llamado **perfeccionismo**, nos puede entristecer y frustrar.

Decir siempre lo correcto, sabérselo todo o tener el pelo genial todos los días suena muy bien. Por desgracia, es imposible. Además, cometer errores y ser nuestros fantásticos «yo» imperfectos es lo que nos hace aprender y crecer.

En el mundo en que vivimos hay muchas formas de buscar validación de los demás. Cuando sacas una buena calificación o sales bien en tus redes sociales, recibes recompensas y aprobación, y eso hace que te sientas bien. ¡Obvio! Pero perseguir constantemente esa sensación te puede causar problemas, porque si no logras ser perfecta (que es lo que sucederá), puedes perder la confianza y culparte a ti misma.

Está bien (¡de verdad!) querer hacer un buen trabajo y retarte a ti misma para mejorar. También es natural compaginar la escuela, el deporte, el arte y la amistad. Todos queremos que nuestras vidas sean plenas, interesantes y emocionantes. Pero tienes que hacer esas cosas para tu propio beneficio, no para complacer a los demás.

Y no olvides esto: a veces está bien simplemente dejar que el cauce siga su curso. ¿Te equivocaste en algunas preguntas del examen de geografía? ¿Tu pelo no quiere cooperar? Te lo prometemos: no es el fin del mundo. Saca partido a tus ejercicios de respiración: inspira mientras cuentas hasta cuatro... Haz una pausa de cuatro segundos... Suelta el aire mientras cuentas hasta cuatro... Todo estará bien. Y, en los momentos de calma, recuérdate que tropezar puede ser algo bueno. Te puede enseñar lo que *no* hacer en el futuro.

Aprende de tus errores. Si solo te lamentas o te preocupas por lo que has hecho, no puedes pensar en todo lo que has aprendido. Ser una Rebelde no significa hacerlo todo perfecto; se trata de ser valiente y asumir riesgos. ¿Cómo vas a hacerlo si te aterra fracasar?

¿Eres perfeccionista?

1. ¿Cómo está tu cuarto ahora mismo?

A. Limpio y ordenado. Todo está en su sitio.

B. Se me olvidó hacer la cama... ¡Pero por lo demás está limpio!

C. Hay alguna que otra prenda de ropa por el suelo y papeles en mi mesa: mañana ordenaré.

D. Está algo desordenado, pero sé dónde está todo. ¡Lo prometo!

2. ¿Qué opinas de los trabajos en grupo?

A. Me hacen sentir molesta; suelo tener que hacerlo yo todo.

B. No me encantan, pero todo está bien si me dicen qué tengo que hacer.

C. ¡Me gustan! Me encanta colaborar y aportar ideas.

D. Los trabajos en grupo son mis favoritos, sobre todo si estoy en el mismo grupo que mis amigos.

3. ¿Qué prefieres, hacer postres o cocinar?

A. ¡Los postres! Me encanta tener una receta que seguir al pie de la letra.

B. La repostería; adoro decorar los pasteles y *cupcakes* al final.

C. Cocinar, porque puedes ir improvisando sobre la marcha.

D. Ninguna de las dos, aunque me gusta probar cosas nuevas.

4. Cuando cometes un error, ¿qué te dices a ti misma?

A. *¿Cómo pude ser tan tonta? ¡No puedo creer que haya hecho eso!*

B. *Me equivoqué, pero lo haré mejor la próxima vez.*

C. *Estas cosas pasan, no es el fin del mundo.*

D. *Vaya, supongo que no lo volveré a hacer. ¡A otra cosa!*

5. No te fue bien en un examen de ortografía a pesar de haber estudiado. ¿Qué haces?

A. Cancelar los planes que tenía a fin de estudiar aún más para el próximo.

B. Reunirme con mi profesor después de clase para entender qué hice mal.

C. Cambiar de táctica de estudio y ver si funciona mejor.

D. Aceptar que la ortografía no es lo mío.

6. Tras una larga semana, ¿cómo te gusta desconectar el viernes por la noche?

A. Practicando el piano para mi próximo recital.

B. Dando un paseo en bici por el barrio

C. Cenando pizza y viendo una película con mi familia.

D. ¡Organizando una fiesta con todos mis amigos!

7. Te estás quedando sin tiempo para terminar una manualidad. ¿Qué haces?

A. Terminar lo que pueda y dejar el resto para más adelante. Le quiero prestar toda mi atención.

B. Aumento el ritmo, intentando hacerlo lo mejor posible.

C. Me doy prisa para terminarlo. No pasa nada si no queda perfecto: no lo van a exponer en un museo.

D. Omitir algunos detalles. Solo quiero terminar.

Respuestas

MAYORÍA DE «D»: TOTALMENTE RELAJADA

Rara vez estás estresada o preocupada. Aceptas las cosas tal como vienen y no piensas de más. ¡Eso está genial! Estar tranquila es estupendo, pero asegúrate de reservar algo de tiempo para la introspección de vez en cuando. Reflexionar sobre lo que podemos mejorar nos ayuda a ser más inteligentes y más fuertes.

MAYORÍA DE «C»: CASI DESPREOCUPADA

Sabes relativizar. No dejas que las pequeñas cosas te entristezcan, y enseguida superas tus errores. ¡Muy bien! Sin embargo, hay casos (como escribir trabajos) que requieren una mayor atención al detalle; está bien que prestes algo más de atención en esos casos.

MAYORÍA DE «B»: BASTANTE EQUILIBRADA

Quieres que las cosas vayan bien, pero sabes que presionarte demasiado no es sano. No pasa nada si las cosas no salen según lo previsto. Mantener este equilibrio todo el tiempo puede ser difícil, pero es un buen objetivo al que aspirar.

MAYORÍA DE «A»: PERFECCIONISTA

Te gusta que las cosas estén organizadas y te esfuerzas por hacerlo siempre lo mejor posible. Estas son cualidades admirables, ¡pero no te olvides de darte un respiro! Por mucho que lo intentemos, nadie es perfecto, y al meter la pata también aprendemos y crecemos.

RIESGOS BUENOS Y RIESGOS MALOS: CÓMO DISTINGUIRLOS

Este tema es un poco complicado. Nos dicen que debemos arriesgarnos, pero también que tomemos decisiones inteligentes.

¿Cómo podemos saber qué riesgos merecen la pena y cuáles no?

Este dilema también lo tienen los adultos. Y es que eso es lo complicado del riesgo: implica hacer las paces con lo desconocido. Si nunca asumimos riesgos, nos quedaremos para siempre en el mismo lugar familiar, a veces aburrido. Arriesgarse puede ser valiente, admirable y empoderador. Pero si siempre nos decantamos por la opción más arriesgada, nos exponemos a la incomodidad y la frustración, incluso al peligro (y también podríamos decepcionar a otras personas o herir sus sentimientos).

¿Cómo se alcanza el equilibrio entre estas dos facetas?

Como ya dijimos, la parte del cerebro encargada de tomar buenas decisiones todavía se está desarrollando a tu edad. Así que el primer paso es aceptar que no siempre tomarás la decisión correcta. Pero cuanto más reflexiones y con más detenimiento tomes tus decisiones, mejor sabrás elegir el camino correcto.

Y tú, ¿qué harías?

Reflexionemos sobre estos ejemplos. ¿Qué riesgos parecen merecer la pena? ¿Qué parece demasiado arriesgado?

La amiga de Ruby le consiguió boletos para ver a un grupo que le encanta. En serio: son su grupo favorito, y se muere de ganas de ir a su primer concierto. Pero el concierto es a tres horas de allí, y la hermana de su amiga viajará en coche después de la escuela. Si va, se tendrá que saltar el entrenamiento de voleibol justo antes de la competencia, y no podrá estudiar para el examen de matemáticas del día siguiente. Ruby es la capitana del equipo; sus compañeras confían en ella. Pero esta es una oportunidad única de escuchar en directo las canciones que más le gustan. ¿Debería ir?

Kaya descubrió que un grupo de padres está intentando retirar algunos de sus libros favoritos de la biblioteca del colegio. Quieren deshacerse de *Ojos azules*, de Toni Morrison, y *Out of Darkness*, de Ashley Hope Pérez; ¡incluso de *El diario de Ana Frank*! Le parece que no está bien. Algunos alumnos se manifestarán durante la reunión de padres y profesores del jueves por la tarde, aunque el director les advirtió de que les podrían expulsar. ¿Debería participar?

En una pijamada el fin de semana pasado, una de las amigas de Sofia hizo algo que hirió sus sentimientos: se burló de ella por dormir con la boca abierta, y todas se rieron. Sofia pensó en ello toda la semana. No paraba de revivir lo avergonzada y pequeña que se sintió. De vuelta en clase, las chicas de la fiesta se siguen burlando de Sofia, y eso le molesta. ¿Debería enfrentarse a su amiga y decirle cómo se siente?

Todos los riesgos de estas situaciones tienen consecuencias, pero también recompensas. Ninguna tiene una respuesta fácil. Así que, en caso de duda...

Haz caso a tu instinto

A veces, la mejor manera de tomar una decisión es hacer caso al primer instinto, seguir eso que llamamos «corazonada». De hecho, nuestro cuerpo nos suele enviar señales cuando nos enfrentamos a una decisión difícil, y estas nos pueden ayudar a distinguir lo correcto de lo que no lo es. En un primer momento, Ruby quiere seguir sus impulsos e ir a ver a su grupo favorito, pero entonces lo siente: una sensación persistente, un escalofrío que le recorre el cuerpo. El corazón le dice *¡Sí! ¡Ve!*, pero si reflexiona unos minutos más se dará cuenta de que estaría defraudando a sus compañeras de equipo y poniendo en peligro su calificación en matemáticas.

Otras veces, las posibles consecuencias negativas merecen la pena. Una expulsión es algo serio, pero defender aquello en lo que crees también es importante. En el caso de la situación con los libros que quieren retirar de la biblioteca, Kaya puede hablar del tema con amigos de confianza, sus padres o sus profesores antes de tomar una decisión. ¡No tienes por qué tomar la decisión sola!

Y luego hay decisiones que no tienen vuelta de hoja. Esas las reconocerás al momento. Es normal que a Sofia le aterre contarle a su amiga que hirió sus sentimientos, sobre todo porque sabe que tiene un poco de mal genio. Quizás le preocupe que no quiera seguir siendo su amiga, o que les diga a todos que es una llorona. Pero con un poco de confianza y valentía, sabe que más adelante se sentirá mejor por haberse defendido. ¿Y qué pasa si ocurre lo peor? En ese caso, Sofia sabrá que esa persona no es una amiga de verdad, que no es lo suficientemente amable ni comprensiva.

En esta época de tu vida, tus emociones están a flor de piel, y estarás tentada a tomar decisiones con base en lo que más desees en ese instante (¿quién no querría cambiar responsabilidad por diversión?). Pero también estás madurando, y eso te hará recordar lo que has aprendido de tus padres, amigos y experiencias pasadas. Muchas veces ya sabes cuál es la respuesta correcta. Basta con que te tomes un momento para pensar en cómo te sentirás en el futuro.

A veces nos arriesgamos...
y fallamos

Hiciste caso a tu instinto, te arriesgaste y... algo salió terriblemente mal. ¡Que no cunda el pánico! Eso no quiere decir que correr el riesgo no mereció la pena. Solo que, ahora, te sientes bastante mal (es algo temporal, no será así siempre). Te lo explicamos en esta situación.

Imagina...

Maya tiene miedo escénico, pero siempre soñó con actuar en musicales. El vestuario, el maquillaje, las luces... le encantaba todo. Maya se armó de valor y se presentó a las audiciones de *Matilda*. Pensaba que sería una buena Miss Trunchbull. Memorizó la canción «El martillo» y la practicó docenas de veces con su madre. Estaba segura de que lo iba a hacer genial. Pero el día de la audición, el miedo se apoderó de ella y se quedó totalmente en blanco. Ni siquiera recordaba la primera frase cuando empezó la música. Siguió cantando como pudo, desafinando y ruborizándose delante de todos los estudiantes que participaban en las audiciones. No solo había perdido su oportunidad de participar en el musical, sino que todo el mundo lo había visto. Se moría de la vergüenza.

Maya vivió su peor temor: hizo un gran ridículo en público. Y aun así, los errores y el fracaso no fueron el fin del mundo, ¡ni tampoco lo serán si esto te pasa a ti! Un fracaso así no te puede hacer olvidar lo valiente que es arriesgarse, aunque salga mal. Como dijo Taylor Swift en su discurso en la Universidad de Nueva York: «aprende a convivir con el *cringe*».

Guía infalible para salir adelante tras un fracaso

Sé tu propia mejor amiga. En este momento debes ser amable contigo, no machacarte. ¿Y eso cómo se hace? Es fácil: piensa en qué le dirías a tu mejor amiga si estuviera pasando por lo mismo. Seguro que le recordarías todas sus buenas cualidades, la abrazarías y le dirías que la admiras por su valentía, aunque las cosas no salieran como ella quería. Después, le gastarías una broma y la intentarías distraer proponiéndole hacer algo divertido. Y ya que lo mencionamos...

Haz algo que te guste. No te quedes donde cometiste el error: cambia de aires de inmediato. Llama a un amigo para visitar tu pizzería, librería o museo favoritos. También puedes ver una película que te haga reír. La idea es que te distraigas. Obsesionarse con algo nunca hizo que nadie se sintiera mejor. ¿Pero una bola de tu sabor de helado favorito? Eso le sube el ánimo a cualquiera.

Toma perspectiva. Imaginar el futuro puede ser muy difícil, así que intenta recordar el pasado. ¿Cuándo fue la última vez que fracasaste o pasaste vergüenza delante de mucha gente? Tal vez fue un día en el que, corriendo por llegar a clase, tropezaste y caíste al suelo. Ay. No es un buen recuerdo. Pero, en realidad, ¿alguien sigue hablando de ello o lo recuerda siquiera? ¿Piensas *tú* en ello? Ahora, quizás hasta te estés riendo. Por suerte, eso mismo sucederá con este último fracaso. Te sorprenderá hasta qué punto pasa a un segundo plano o se convierte en una buena historia que contar a tus amigos.

¡Sigue intentándolo! Que algo no salga como habías planeado no significa que debas dejar de intentarlo. Solo que tienes que seguir siendo valiente y luchar por lo que quieres. En palabras de la cantante Aaliyah: «Sacúdete el polvo y vuélvelo a intentar». Ahora que has sobrevivido a lo peor que podía pasar, ya puedes dejar de tenerle miedo.

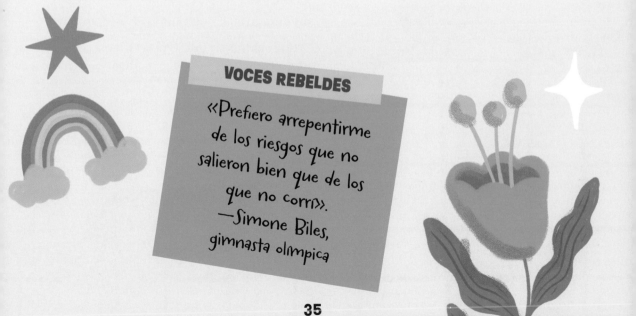

VOCES REBELDES

«Prefiero arrepentirme de los riesgos que no salieron bien que de los que no corrí».
—Simone Biles, gimnasta olímpica

LA MONTAÑA RUSA DE LOS SENTIMIENTOS

Hay días en los que, de repente, parecerás incapaz de controlar tus estados de ánimo. Pasarás de uno a otro sin razón aparente. Una pequeña riña con tu hermano te puede hacer bullir de rabia. Una mirada de tu *crush*, arruinar cualquier posibilidad de que termines tu tarea. Y un comentario algo malo de un amigo, sentirse como el fin del mundo. Eso sí, cuando sientas felicidad, la sentirás de verdad. Cuando todos ríen con tus chistes en la fiesta de la piscina, y es un día estupendo, y hay cosas ricas que comer después de nadar, te sientes en el cielo y no quieres que esa sensación acabe nunca.

No te preocupes, ¡no te estás volviendo loca! Son las hormonas que, además de desencadenar la pubertad y los cambios de tu cuerpo, hacen que tus emociones se desborden.

A menudo, estos estados de ánimo te hacen sentir como en una habitación sin ventanas: resulta imposible imaginar que saldrás de allí. Quizás pienses: *Supongo que me sentiré así el resto de mi vida.* Pero no es así.

Incluso en los momentos más bajos, hay formas de volver a la realidad y recordarte a ti misma lo fuerte, inteligente, divertida y capaz que eres. Desde las grandes alegrías hasta las mayores tristezas, la mejor manera de superar estos cambios de ánimo es vivirlos intensamente... y dejarlos ir.

Los cambios de humor son algo normal, pero es importante aprender a lidiar con ellos.

Lo primero es lo primero: ¡no te exijas demasiado! Estás en un momento muy intenso, una experiencia diferente a todo lo que viviste antes. Recuerda que tu cerebro se está preparando para las complejas y potentes emociones de la edad adulta y todavía no sabe regularlas. A algunos de los adultos en tu vida tu mal humor les puede parecer divertido, como si no fuera gran cosa. Pero queremos decirte que tus sentimientos son reales y válidos; no debes avergonzarte de ellos.

Ahora recorreremos muchas de las emociones que experimentarás, y te mostraremos cómo mantenerte positiva y centrada, incluso a bordo de la «montaña rusa de los sentimientos».

UN MUNDO DE EMOCIONES

El número de sentimientos que experimenta el cerebro puede parecer infinito. De hecho, hay días en los que sentirás como una docena de ellos. En otras ocasiones, la alegría hará que te sientas tan ligera como el aire. Estas son solo algunas de las emociones con las que deberás lidiar a medida que te haces mayor.

Envidia y celos

Hay pocos sentimientos más desagradables que los celos y la envidia. Son similares, pero algo diferentes: aunque ambos implican que deseas algo de otra persona, los celos tienen un halo de hostilidad y competitividad, mientras que la envidia puede venir de la admiración. Lo cierto es que no importa cómo aparezcan: ¡son lo peor! Y, por desgracia, bastante comunes.

Lo mejor para combatir los celos y la envidia es atacarlos de raíz. Piensa en por qué te sientes así: ¿es porque esa persona te está haciendo daño deliberadamente o por tus propios miedos e inseguridades? Muchas veces, es lo segundo, y eso podría ser un poco difícil de digerir. Pero, tranquila, son emociones normales. Lo único es que no son racionales. Por eso no pasa nada si *sientes* envidia y celos, lo que casi nunca está bien es actuar en consecuencia. Así que saca el diario, desahógate con un amigo o llora contra la almohada, pero intenta no arremeter contra el objeto de tus celos.

Frustración

La frustración se sitúa entre la ira y el enojo, y aparece cuando no hay nada que puedas hacer para cambiar una situación. Quizás la sientas, por ejemplo, si tus padres te imponen normas con las que no estás de acuerdo, o si llueve el día que querías celebrar un cumpleaños en el parque. Puede que quieras gritar o patear las paredes. Como también te aconsejamos con la ira, es mejor que tu frustración no se dirija contra los seres humanos en tu vida. Si quieres hablar de tus sentimientos con tu hermano o hermana, o con un adulto, ¡genial! Pero si sientes que les vas a atacar porque te sientes mal, es mejor centrar la energía en otra cosa. Sal a correr, haz algunas respiraciones, grita la letra de una canción a todo volumen. Esto hará que te sientas mejor.

En otras ocasiones, la frustración surge cuando no entiendes algo, por ejemplo, cuando no sabes cómo empezar un trabajo o cómo superar el nivel de un videojuego. Todos nos sentimos así a veces. Querer lograr algo y ver cómo permanece fuera de tu alcance no es divertido. Pero hundirse en ese sentimiento o dejar que se convierta en ira no suele ser de ayuda. ¿Cómo puedes salir de una espiral de frustración? Tómate un descanso de lo que estabas haciendo y vuelve a intentarlo cuando te hayas despejado. ¡También puedes pedir ayuda con las dudas que tengas!

Culpa

No es fácil describir la culpa, pero todos la hemos sentido alguna vez: es esa sensación desagradable que aparece cuando pensamos que hemos defraudado a alguien, que hemos ido en contra de las creencias de nuestra familia o cultura, o incluso contra nuestros propios principios. Es una emoción interesante, porque saber si te deberías sentir culpable puede ser difícil. A veces, sentirte culpable es bueno. Es una señal de que no has actuado tan bien como querías, de que te sientes mal por haber herido a otra persona.

Las disculpas sinceras y de corazón, sin excusas, funcionan de maravilla.

Lo mismo ocurre cuando te sinceras después de mentir o no haber dicho toda la verdad. Y no es solo que pedir disculpas sea lo correcto: decir de forma sincera que lo sientes (y explicar por qué no fuiste honesta) también alivia el sentimiento de culpa. ¡Todos salimos ganando!

La culpa se convierte en un problema cuando es excesiva o se prolonga en el tiempo. Si ya pediste disculpas, admitiste que te equivocaste y lo intentaste todo para arreglar la situación, ya hiciste todo lo que estaba en tus manos. ¡Perdónate! Y si te sientes culpable por hacer algo considerado tabú en tu familia o cultura, reflexiona sobre lo que es importante para *ti*. A medida que crezcas, tus valores pueden cambiar respecto a aquellos con los que creciste. Mientras vivas de acuerdo con tu código moral y hagas todo lo posible por ser amable con los demás y contigo misma, no tienes por qué sentirte culpable.

Confusión

A veces un adulto te pide que hagas algo y no sabes por dónde empezar. Por ejemplo, puede que tu padre te pida que cortes el pasto, pero nunca te enseñaron cómo utilizar la podadora. ¡Que no te de miedo pedir más información! Solicitar ayuda o aclaraciones cuando no estás segura de cómo hacer algo, o si una situación te resulta confusa, es sano y útil.

Otras veces no será tan sencillo. Tu cerebro intentará dar con una emoción o una decisión, pero no sabrá muy bien cuál elegir. Imagina esta situación: tu amiga Alice te cuenta un secreto sobre otra amiga, Karla, y no estás segura de si deberías contarle a Karla lo que está pasando. Cuando tienes sentimientos encontrados sobre algo, lo que sientes se llama **ambivalencia**. Prima cercana de  la confusión, te puede llevar en distintas direcciones (y a veces paralizarte). Y aunque puede que un buen consejo te ayude, en última instancia eres *tú* quien debe encontrar la salida a este tipo de confusión. Sopesa los pros y los contras, consúltalo con la almohada y haz caso a tu intuición.

Orgullo

¡Celebra tus victorias! A veces, nos hacen pensar que no debemos mostrarnos abiertamente orgullosas de nuestros logros, aunque se trate de algo importante. Nos dicen que parecerá que presumimos o alardeamos. ¡Pero no es así! Es importante saber reconocer que el trabajo da sus frutos y tomarte un momento para sentirte satisfecha. Cuando hayas hecho algo de lo que te sientas orgullosa, mírate en el espejo y felicítate. O habla durante la cena y cuéntale la noticia a tu familia. Es tu éxito y mereces sentirte bien por ello.

Alegría

A medida que descubres más del mundo que te rodea, encontrarás nuevas formas de sentir alegría, emoción y bienestar. Tanto si se trata de una manta hecha jirones que conservas desde que eras pequeña como tu recién descubierta afición por el patinaje sobre hielo, no dejes de lado las cosas que te hacen feliz. Y es que estas cosas te serán útiles cuando te sientas triste (echa un vistazo al «Kit para sentirte mejor» de la página 59). Intenta hacer cosas que te aporten alegría. Si te encanta sumergirte en un buen libro, dedica un rato a leer cada noche. O si jugar al beisbol es lo que te hace sonreír, sal a la calle a batear hasta quedarte sin fuerzas. El trabajo es importante, y puede parecer ingrato sin esos pequeños momentos de alegría.

Valentía

Ser valiente es una cualidad fabulosa, que se manifiesta de maneras distintas según quién seas. Probar algo nuevo y salir de la zona de confort son formas de ser valiente. *Puede* implicar enfrentarte a tu miedo a las alturas y subirte a la montaña rusa más alta del parque de atracciones, pero atreverte a decir que no quieres hacerlo también es un acto de valentía. Para ser valiente, debes tener confianza en ti misma y en tus decisiones. Y ya que la mencionamos...

Confianza

La confianza es, en pocas palabras, creer en una misma. Es una de las cualidades más importantes que cultivar al hacerse mayor. Muchas circunstancias pueden poner tu confianza en entredicho, desde la mejor jugadora de tu equipo de basquetbol hasta la chica de tu clase cuyos rizos son imposiblemente bonitos. A menudo, los medios de comunicación no son de ayuda, pues no dejan de susurrarnos al oído que debemos hacer esto, comprar aquello o tener un aspecto determinado.

Cuida de tu confianza como si fuera una joya única y preciosa.

VOCES REBELDES

«La primera vez que patiné tenía miedo, pero descubrí que podía hacer algo aunque me asustara o preocupara». —Simone T., 10, California (EE. UU.)

44

Cómo aumentar tu confianza

Hay muchas formas de aumentar la confianza. Prueba algunas de estas:

Aprende a hacer algo, por ejemplo, un nuevo movimiento de gimnasia. Trabajar en algo hasta lograr tu objetivo hará que te sientas como la estrella que eres.

Encuentra algo que te guste y hazlo más. Tal vez hayas descubierto que te gusta dibujar, escribir o enseñar trucos a tu perro. Sea lo que sea, céntrate en lo que te hace feliz y sentirás cómo tu confianza se dispara.

Ponte retos, aunque sean de pequeña escala. Si quieres hacer amigos, proponte hablar con una persona nueva durante la comida cada semana. O si te apetece aprender algo nuevo, ofrécete a ayudar a preparar la cena unas cuantas noches a la semana.

Celebra lo increíble que eres. Recuerda mirarte en el espejo y ser tu mayor fan.

Ira

Últimamente, quizás sientas que tu temperamento es más fuerte. Es probable que te enojes con más facilidad y de forma más repentina. Puede que incluso sientas deseos de herir física o emocionalmente a otra persona. O que dirijas tu rabia hacia dentro, y tus pensamientos sobre ti misma sean feos e implacables.

No pasa nada por expresar ese enojo, siempre que no vaya dirigido contra una persona. ¡Y eso te incluye a ti! Cuando sientas que la ira te invade, aléjate. Grita o golpea una almohada. Da un paseo, corre o haz otro tipo de ejercicio. En lugar de que tu ira lo arrase todo, encáuzala por un lugar seguro donde no pueda hacer daño. Ármate con una pluma y escribe lo que te enfurece, ¡¡¡con tantos signos de exclamación como quieras!!! Sube el volumen y escucha música tristona: es, literalmente, para lo que se inventó. Intenta componer tu propia música o crear cualquier otro tipo de arte. Y cuando te sientas mejor (¡te prometemos que sucederá!), siéntete orgullosa por haber gestionado la situación.

Imagina...

Dorie había sido la hija perfecta toda la semana. Dio de comer al gato cada mañana, sacó la basura sin que nadie se lo pidiera e incluso sacó la mejor calificación en el examen de ciencias. Estaba segura de que sus padres la dejarían ir a dormir a casa de una amiga. Pero cuando le preguntó a su madre, la respuesta fue un *no* rotundo. Dorie tenía que ir al funeral de su tía abuela, y no había más que hablar.

«La familia es más importante que las pijamadas», le dijo su madre. «Así son las cosas». Dorie estaba furiosa. «¡No es justo!», quiso gritar. Apenas conocía a esta tía, y la fiesta era una oportunidad perfecta para trabar amistad con esa nueva compañera que tan bien le caía. Sintió que la cara le ardía y cerró los puños con fuerza.

Pero en lugar de estallar delante de su madre, subió a su habitación para desahogarse en privado. Con furia, garabateó sus pensamientos en su diario. Y escuchó «brutal», de Olivia Rodrigo, a tal volumen que ni siquiera oía sus pensamientos. Pasados unos minutos, volvía a estar lo suficientemente tranquila como para bajar. Desahogarse en privado le permitió aceptar la decisión de su madre, aunque le disgustara. ¡Un aplauso para Dorie!

VOCES REBELDES

«Detente, relájate y respira hondo. Recuerda algo bonito, piensa en positivo y en que será un buen día».
—Vivian M., 10, California (EE. UU.)

47

ESTRÉS, PREOCUPACIÓN Y ANSIEDAD... ¡VAYA LÍO!

Hoy eres más independiente que nunca y tu vida social es cada vez más divertida. El mundo te está empezando a tratar como a una adulta, ¡qué emocionante! Pero también pueden ser muchos estímulos a la vez. Quizás sientas que estás enterrada bajo una gran pila de responsabilidades que compiten entre sí, y apenas puedas respirar allí abajo.

Aliviar el estrés y el agobio no es fácil. El «tiempo de silencio» del que ya hemos hablado (inspirar contando hasta cuatro, hacer una pausa de cuatro segundos y soltar el aire mientras cuentas hasta cuatro) puede ser útil cuando todo parece demasiado. Después, cuando estés tranquila, tómate un tiempo para analizar tus sentimientos y ver si puedes identificar la causa del estrés.

Imagina...

Carly iba a la escuela primaria de su barrio, pero sacó una muy buena calificación y empezó a estudiar en un centro privado centrado en STEM. De un día para otro, la presión aumentó. Las tareas le parecían muchísimo más difíciles que antes. Pasó de tener dos a cuatro entrenamientos de gimnasia por semana. Todos sus nuevos amigos tocaban algún instrumento, y sentía que ella también tenía que hacerlo. Así que, incluso con todo lo demás, se apuntó a clases de piano.

La presión no paraba de aumentar y Carly se sentía abrumada. Llegaba tarde a casa de sus actividades y hacía la tarea hasta que se acostaba. No tenía tiempo para sus amigos, ni siquiera para ver su serie favorita en Netflix. Un día, no pudo más y rompió a llorar. Respiraba deprisa y sentía una presión en el pecho.

Tuvo que parar. Inspiró lentamente, dejando que el vientre se le llenara de aire, y lo expulsó en una ráfaga satisfactoria. Con la ayuda de su hermana mayor, hizo una lista de todas sus actividades. Dibujó un corazón junto a las que disfrutaba y una carita triste junto a las que no le hacían sentir bien. Se dio cuenta de que no quería seguir haciendo gimnasia porque le quitaba demasiado tiempo. Esa misma noche, durante la cena, Carly anunció a sus padres que, después de haberlo pensado mucho, quería dejar el equipo. Impresionados por su compostura, aceptaron. ¡Menos mal!

Cómo afrontar la preocupación

Cuando te inunda la preocupación, la realidad es tu amiga. Es importante que te digas que nada es tan grave como parece, aunque no te lo creas del todo. Si una cosa en particular te crea especial angustia, forma tu propia red de seguridad: escribe una serie de afirmaciones racionales y lógicas a las que recurrir cuando no sepas distinguir lo que es verdad de lo que no.

Frases para tu red de seguridad

* Tengo amigos que me quieren pase lo que pase.
* Todos tenemos inseguridades, incluso los más populares (¡puede que sean hasta más inseguros!).
* Perseguir la popularidad es inútil.
* La gente tiene sus propios problemas; no tienen tiempo de pensar tanto en mí.
* Incluso si la gente quiere ser mala con este último drama, lo superarán muy pronto.
* Sé que soy una persona amable, sensible y poderosa.
* ¡Todo saldrá bien!

Veamos un ejemplo. Supongamos que esta es tu gran preocupación: has tenido un malentendido con una de las chicas más populares de la clase y todo el colegio se ha enojado contigo. Puedes recurrir a la lista de la página anterior para recordarte lo que realmente es cierto, como que tienes amigos que te querrán pase lo que pase, o que es inútil perseguir la popularidad. También puedes utilizar este ejercicio cuando debes hacer frente a un cúmulo de preocupaciones al mismo tiempo. Anota cada preocupación en tu diario y responde a continuación de forma lógica. Hazlo así:

Gran preocupación: Me preocupa no entrar en el equipo de futbol.

Afirmación racional y lógica: He practicado mucho. Lo haré lo mejor que pueda y me divertiré. Si no lo consigo, preguntaré en qué debo mejorar y lo volveré a intentar el año que viene.

Esa forma especial de estrés: ¡las clases!

Sabrina sufre cada vez que tiene un examen importante. No solo le preocupa la información del examen, sino que lo ve como una larga cadena que se extiende hasta la preparatoria, la universidad, su primer trabajo y el resto de su vida. *Una mala calificación afectará a mi futuro*, piensa. *¡No entraré en una buena universidad, nunca conseguiré un buen trabajo y seré un gran fracaso!*

Lo que le pasa a Sabrina se llama **ansiedad académica**. Cuando empezó la secundaria, la tarea y los exámenes subieron de nivel. Y la gente no le dejaba de hablar de los siguientes cursos e incluso de la universidad. Así que empezó a pensar en su educación como algo que podía afectar mucho su vida. Poco después, se dio cuenta de que las clases se estaban convirtiendo en una fuente de estrés.

Quizás a ti también te pase, ¡o tal vez no! En cualquier caso, está bien que te preocupes por tus resultados académicos, y una pizca de nervios puede mantenerte alerta. Pero si te parece que es demasiado, hay cosas que puedes hacer para calmarte.

Crea un buen ambiente

Evitar las distracciones está bien, pero no tienes por qué encerrarte a estudiar, encorvada sobre el escritorio. Si el día está bonito, busca un lugar en un parque o en el jardín y coloca los libros y las fichas sobre una manta. Si estás en el interior, utiliza luz cálida. Hay estudios que demuestran que la luz fluorescente aumenta la ansiedad. Pon una *playlist* de música sin letra. Está demostrado que la música instrumental como la clásica y el *jazz* nos ayudan a concentrarnos.

Haz que estudiar sea divertido

Para los exámenes de historia, haz dibujos o cómics para visualizar la situación. Elabora fichas y decóralas con colores alegres y vivos (también hay aplicaciones con las que crearlas, si eso es más tu estilo). Escribe el vocabulario nuevo en una cuadrícula y sus definiciones en papelitos. Ve sacándolas de un sombrero e intenta emparejarlas con la palabra correspondiente. Las rimas y otros juegos de palabras también te pueden ayudar a recordar la información de un examen. Otra opción es crear tu propio juego de mesa o de rol: te llevará más tiempo que si solo estudias con tus libros y cuadernos, pero el plus de diversión merecerá la pena.

Haz un grupo de estudio (bien elegido)

Estudiar con otras personas puede hacer que el tiempo pase volando, pero hay que dar con el equilibrio justo: algunos amigos pueden hacer que te diviertas *demasiado*. Lo mejor será que elijas a alguien a quien solo conozcas de clase y al que también le guste la materia. Así te asegurarás de que se tomarán en serio la sesión de estudio, pero también podrán hacer pequeños descansos y conocerse mejor.

Relativiza

Recuerda que, aunque un examen vaya mal, tu vida no termina allí. Esto no (con énfasis en el *no*) arruinará tus posibilidades de éxito en la vida. Siempre puedes subir la calificación de alguna forma, o estudiar más la próxima vez. Además, las calificaciones no son lo único importante para triunfar en la universidad o en tu futura carrera profesional. De hecho, algunas de las personas más inteligentes y ambiciosas no fueron buenos estudiantes. Por ejemplo, a Thomas Edison, uno de los inventores más famosos de la historia, se le daban fatal las matemáticas. Con esto queremos decir que cada persona aprende a su manera. Hay a quienes nunca se les dará bien hacer exámenes, ¡y no pasa nada!

Cuida tu cuerpo

Quedarte estudiando hasta tarde te puede dar derecho a presumir, pero
tenemos malas noticias: no garantiza el éxito. La noche anterior a un examen,
intenta irte a la cama a la misma hora de siempre. Y, a la mañana siguiente,
desayuna bien. Reserva cinco minutos para estirar, escuchar una meditación
o hacer unas cuantas respiraciones. Si tu cuerpo está relajado, tu mente
también lo estará.

¿Qué es la ansiedad?

La ansiedad es como la preocupación, pero más intensa. La sientes cuando no sabes el resultado de algo, ya sea un examen, un viaje o una interacción social.

Un pequeño pico de ansiedad antes de un acontecimiento importante no te perjudicará, e incluso puede ser útil. Quieres que el examen de mañana vaya bien, lo que significa que te preocupas por tus estudios. ¡Y eso está bien! Las preocupaciones y miedos también te pueden ayudar a mantenerte a salvo. ¿Recuerdas la reacción de «lucha o huida» de la que hablábamos? En una situación de peligro, este instinto envía señales a tu cuerpo y proporciona ciertas hormonas, como el cortisol y la adrenalina. Esto puede hacer que te duela el estómago, te den escalofríos o el corazón te lata a toda velocidad. Es la forma que tiene tu cerebro de decirte: «No bajes con la bici por esta colina, ¡no es seguro!». O también puede estar relacionado con los sentimientos, como «Esta persona me hace sentir nerviosa e insegura. Quizás no quiera ser su amiga».

La ansiedad se convierte en un problema cuando es excesiva o se descontrola. Esto se conoce como **trastorno de ansiedad**. Las personas con trastorno de ansiedad tienen una sensación similar a la del estrés común, pero la sienten incluso cuando no están en una situación de estrés evidente. El trastorno de ansiedad también puede afectar la capacidad para distinguir la realidad de los sentimientos. A una persona con ansiedad, un miedo extremo (como que el avión se va a estrellar) le puede empezar a parecer algo real.

Una persona con ansiedad extrema (o incluso alguien que no la padezca) puede sufrir un **ataque de pánico**. No son nada divertidos. En un ataque de pánico, la reacción de «lucha o huida» se dispara. Quienes los sufren sienten que no pueden respirar, se marean, tienen sudores y tiemblan. Los pensamientos también se aceleran. Incluso pueden sentir que les ocurre algo malo en el cuerpo.

La buena noticia es que los ataques de pánico se pueden controlar. Si la persona es capaz de reconocer lo que le está pasando, puede intentar controlar su respiración y recordarse a sí misma que está en un lugar seguro y que lo que siente es algo temporal. Si estos ataques se siguen produciendo, quizás sea necesaria la ayuda de un médico o terapeuta.

VOCES REBELDES

«Cuando siento que las emociones me superan, escribo en mi diario. También escucho música o dibujo».
—Renee E., 15, Nueva York (EE. UU.)

GESTIONAR LA TRISTEZA

Una de las hormonas que más aumenta en el cuerpo durante la pubertad es el **estrógeno**. En la mayoría de los casos, es algo bueno: contribuye al desarrollo de los pechos, las caderas y el vello corporal y regula la menstruación. ¿Y la parte mala? Puede hacer que te sientas triste y sensible en un momento ya de por sí abrumador. Es algo normal, pero sentirse triste nunca es agradable.

Al igual que la ira, la tristeza es más fácil de digerir si la canalizas de alguna forma. No pasa nada si te encierras en tu habitación y te limitas a sentirla; puedes leer un libro tristón o una canción sensiblera. Y, al igual que la ira, la tristeza puede ser una fuente de inspiración. Cuando estés triste, ten a mano una pluma, un pincel o un instrumento musical. Decora un diario y escribe en él lo que se te vaya ocurriendo. Y busca a tu amigo más dulce y comprensivo, a alguien al que no le importará verte u oírte llorar.

Reúne objetos, fotos, comida y olores que te hagan sentir bien para tenerlos cerca la próxima vez que estés triste.

Una vez que te sientas mejor, piensa en formas de reconfortarte en el futuro. Anímate a ti misma: haz una lista de tus cualidades, las más fantásticas y únicas, y otra con diez cosas por las que estás agradecida. Cuando no estés en tu mejor momento, léelas. Incluye estas listas en tu «Kit para sentirte mejor».

Ideas para tu kit para sentirte mejor:

* Una tira de fotos con tu mejor amiga
* Una loción que huele genial
* Una conchita que hayas encontrado en la playa
* Lápices de colores y una libreta

Cuando no es solo un día de bajón

A veces no es tan sencillo salir de la tristeza. Si sientes tristeza extrema y desesperanza por periodos prolongados, duermes mucho, te cuesta concentrarte en tus clases o sientes que quieres hacerte daño a ti misma, habla con un adulto en el que confíes lo antes posible. Son signos de depresión, no de tristeza común y corriente, y para hacerles frente se necesita la ayuda de un terapeuta o un médico.

Si te diagnostican con depresión, piensa que no estás, ni mucho menos, sola. Es algo muy común. Uno de cada cinco niños tendrá algún tipo de depresión antes de llegar a la edad adulta, pero solo un tercio de ellos recibe tratamiento. Buscar ayuda *no es algo de lo que avergonzarse*. Hará que te sientas mejor y te aportará nuevas formas de gestionar tus peores momentos.

Consejos para lidiar con la depresión

La depresión te deja sin energía, así que incluso las cosas más pequeñas te pueden parecer tan difíciles como escalar el Everest. ¡Te entendemos! El primer paso siempre es el más difícil.

Hay algo que deberías saber: las acciones influyen en las emociones, por mucho que parezca lo contrario. Por ejemplo, quizás pienses que te vas directo a casa después de las clases en lugar de salir con amigos o hacer actividades porque estás deprimida, pero en realidad puede que te sientas así por quedarte en casa. Introducir pequeños cambios en tu rutina puede reorganizar tus pensamientos y, en última instancia, tus sentimientos.

Puedes probar algunas estrategias por tu cuenta cuando te sientas triste mucho tiempo, o si tu tristeza te impide llevar una vida feliz. ¿Y si no es suficiente? Considera acudir a terapia. En serio, ¡funciona!

Busca ayuda

Puede que te dé vergüenza admitir que estás triste. También es posible que te sientas culpable por no ser tan divertida como antes. Pero las cosas pueden cambiar si hablas, aunque sea con *una* sola persona. Hará que te sientas menos sola y te puede ayudar a encontrar formas de sentirte mejor. Y, si no te apetece hablar de todo eso, incluso salir a comer con un amigo puede mejorar tu estado de ánimo. Verse en persona es mejor que mandarse mensajes (pero tampoco pasa nada si es lo único para lo que te sientes con fuerzas en ese momento).

Acaricia a tu perro (o gato, o hámster...)

Los animales son lo mejor porque no juzgan, saben escuchar y hacen compañía. Aprovecha para dar cariño a tu perro o hacer que tu gato ronronee (también pueden ser el perro o el gato de un amigo, si tú no tienes mascotas). Cuidar de un animal, un ser que siempre está de buen humor, te puede ayudar a evadirte por un momento.

Sal a la calle

Dar un paseo y que el sol te dé en la cara puede ser beneficioso si te sientes deprimida. Además, cuando el cuerpo se mueve, se activan sustancias químicas que te hacen sentir bien. Y si caminas a buen paso (o corres un poco), estas fluirán aún más rápido. Estar al aire libre también es bueno para la salud física. Respirar aire fresco ayuda a dormir mejor por la noche, lo que a su vez le sienta genial a tu estado de ánimo. Además, ver a la gente paseando por la calle, aunque sean desconocidos, te recordará que hay un mundo grande y apasionante ahí fuera.

VOCES REBELDES

«Pude [...] normalizar las conversaciones en torno a la salud mental y decir: "Estar triste es normal. No hay por qué estar siempre bien". Todos tenemos días malos».
—Te Manaia Jennings, artista y defensora de la salud mental

Cómo ayudar a un amigo que está triste

Sentir conexión con otras personas es una de las cosas más importantes para hacer frente la depresión, pero es difícil lograrlo cuando estás sumida en una espiral de tristeza. Si ves que un amigo lo está pasando mal, pónselo fácil. Búscalos, aunque ellos a ti no te busquen. Hazles preguntas abiertas y amables como: «He estado pensando en ti. ¿Cómo estás?». Lo mejor es que te limites a escuchar. Haz que sientan que les escuchas y procura no darles consejos. Algo tan simple como: «Vaya, suena muy duro. Lo siento», puede ser reconfortante para alguien que lo esté pasando mal. También puede que no tengan ganas de hablar, y eso también está bien. En ese caso, hazles saber que estás ahí si te necesitan, siempre que te necesiten.

Si tu amigo parece muy, *muy* deprimido, no dudes en poner sobre aviso a un adulto de confianza. Aunque tu primer instinto sea dejar todo de lado y apoyarles, no es necesario que asumas esa carga tú sola. Habla con un padre comprensivo o con el orientador de tu escuela. Para eso están.

LA PÉRDIDA DE UN SER QUERIDO

El dolor que se siente al perder a un familiar o a un ser querido tiene un nombre: **duelo**. La palabra suena tal y como se siente: áspera y dolorosa. Es un sentimiento más grande e intenso que la tristeza. Sabemos que la muerte forma parte de la vida y nos tocará en algún momento, pero el dolor que se siente cuando alguien ya no está a tu lado de la misma forma que antes es desgarrador. A continuación te damos algunos consejos sobre cómo honrar lo que sientes cuando alguien muere y mantener vivo el recuerdo de esa persona.

Pasa el duelo como necesites. Hay personas que, al enterarse de la muerte de un amigo, un familiar o una mascota, lloran de inmediato. Otros quizás no derramen una sola lágrima durante días, semanas o meses. O nunca llegan a hacerlo. Algunas personas prefieren estar solas para recordar a su ser querido. Otras, hablar de lo sucedido. La muerte se puede gestionar de muchas maneras, y ninguna es correcta o incorrecta.

Dedica tiempo a recordar.

Cuando alguien muere, quizás asistas a un funeral o a un servicio conmemorativo. Es un momento para celebrar la vida de esa persona junto

con su familia y amigos. Puede que los asistentes cuenten historias sobre la persona o lean su poema favorito. Si eras cercano a la persona fallecida, puede que la gente se te acerque y te diga cosas como «te acompaño en el sentimiento». Puedes responder con un «gracias», o «gracias por venir». Si te sientes demasiado expuesta expresando tus sentimientos en público, tómate un tiempo a solas con un adulto para mirar fotos y hablar de la persona fallecida. En cualquier caso, recordarlos te ayudará en tu proceso de duelo.

Habla de ello. Conforme pase el tiempo, la tristeza irá perdiendo intensidad. Pero puede que, de repente, te asalte su recuerdo, lo que puede resultar chocante. No tienes por qué soportar estos sentimientos sola. Cuando te sientas triste, habla con un adulto o un amigo. Poner nombre a tus sentimientos puede ser útil, igual que exteriorizarlos y no permitir que enraícen en ti.

Ten un detalle con quienes atraviesan un duelo. Si la abuela de tu mejor amigo acaba de fallecer, quizás puedes pedir ayuda a un adulto, preparar una lasaña y llevársela. Así, su familia no tendrá que pensar en preparar la cena durante un par de noches y se podrán centrar en planear el funeral y procesar su tristeza. También puedes hacerte una nota mental para preguntar a tu amiga cómo se encuentra dentro de unos días o semanas. Cuando alguien muere, la actividad y la atención son muy intensas justo después de que sucede, pero se diluyen con el tiempo. Por eso es un buen momento en el que hacer saber a tu amiga que te acuerdas de ella.

IR A TERAPIA TE PUEDE AYUDAR

Imagina que probaste muchas tácticas para controlar la ansiedad, la depresión o el duelo, pero ninguna funciona. Puede que sea el momento de hablar con un especialista. Hay muchos tipos de terapia. Quizás acudas a un trabajador social, un experto en salud mental, un psicólogo o un psiquiatra.

Los terapeutas son profesionales objetivos y sin prejuicios, con una formación que les permite ayudarte con tus preocupaciones a fin de que tu vida sea más fácil. Los terapeutas utilizan teorías y métodos diferentes. En algunos casos, las sesiones pueden consistir en hablar de lo que te preocupa; en otros, en jugar o dibujar. También puedes hacer ejercicios de respiración, meditación u otros que conlleven cambios en tu comportamiento. Incluso puede que sea necesario tomar medicación. Hay terapeutas especializados en ayudar a niños y jóvenes racializados, LGBTQIA+ o con problemas en casa. Todo depende de tu edad y de lo que te esté atormentando.

Ir a terapia puede ayudar en todo tipo de situaciones. Puede que acudas porque te sientes

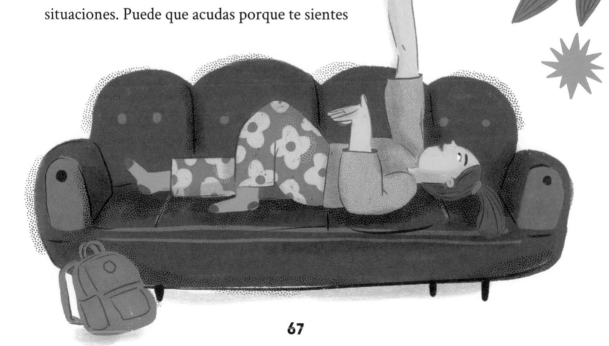

deprimida en líneas generales. O quizás alguien te esté causando problemas en la escuela. La terapia también puede ser útil si estás confusa o tienes dudas sobre tu identidad. O si estás segura de quién eres pero tu comunidad no lo acepta demasiado. Hay miles de posibilidades. Si tienes un problema, créenos, hay un terapeuta que te puede ayudar.

Si piensas que deberías ir a terapia, ¡no te estreses! No hay nada malo en pedir ayuda. De hecho, puedes estar orgullosa de haber decidido acudir a un terapeuta. ¡Cuidar de ti misma es algo maduro y empoderador! A veces pensamos que para ser más felices basta con esforzarse más o tener la fuerza de voluntad necesaria para cambiar. Pero algunos problemas de salud mental están fuera de nuestro control.

Los problemas de salud mental no son tan diferentes a un dolor físico. Si te duele la garganta o tienes gripe, no te las arreglas sola, ¿verdad? Vas al médico. Pues lo mismo ocurre con los terapeutas: intervienen cuando lo que te duele es el cerebro y el corazón. Los terapeutas entienden tus problemas y te ayudan a encontrar una solución, ya sea medicación, estrategias para reducir el estrés o una buena conversación.

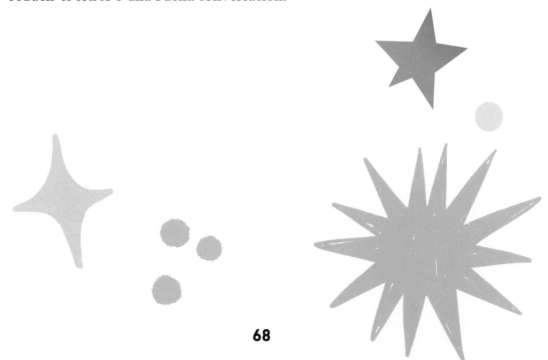

¿Debo ir a terapia?

¿Cómo puedes saber si ir a terapia te ayudará? Prueba a responder
estas preguntas:

* ¿Pasas más de una hora al día deprimida o ansiosa?
* ¿Tus preocupaciones, miedos o tristeza hacen que te resulte difícil concentrarte en tus tareas o en las actividades que antes te hacían feliz?
* ¿Sientes que debes ocultar cómo te sientes a las personas en tu vida?
* ¿Tu patrón de sueño está desajustado? ¿Duermes demasiado o tienes insomnio (no puedes dormir)?
* ¿Sientes que no puedes controlar tus emociones (no de vez en cuando, sino la mayor parte del tiempo)?
* ¿Sientes que a veces no te importa nada en este mundo?

Si tu respuesta a cualquiera de
estas preguntas es un «sí», quizás
deberías plantearte ir a terapia.
Pero ¿eso cómo se hace?

Cómo encontrar un terapeuta

Una de las mejores cosas de ir a terapia es que se trata de un momento y un lugar seguros en los que puedes hablar de tus pensamientos más íntimos con alguien que no se los contará a nadie más. Pero, para encontrar un terapeuta, necesitas la ayuda de un adulto. No todo el mundo se siente cómodo hablando de sus preocupaciones con sus padres, pero en la mayoría de los casos necesitarás su permiso (y probablemente su seguro médico) para empezar terapia. Es el momento de que seas valiente y hables con los adultos.

Les puedes contar un poco lo que te preocupa y explicarles que crees que hablar con una persona imparcial ajena a tu rutina podría ayudarte. Prueba a decir algo así: «Últimamente lo estoy pasando mal. Estoy triste la mayor parte del tiempo. ¿Me ayudarías a encontrar un terapeuta?». Una vez decidida, hay algo importante que debes saber: ir a terapia exige compromiso. Además, hacer cosas como escribir un diario o practicar ejercicios de *mindfulness* también resultará muy útil a quienes están pasando un mal momento.

VOCES REBELDES

«No me avergüenza el tiempo que dedico a ayudarme, porque me convierte en mi mejor versión».
—Kristen Bell, actriz y escritora

70

Qué esperar de tu primera sesión de terapia

Es la noche antes de tu primera cita con tu terapeuta y estás nerviosa. ¡Te entendemos! Quizás te sientas mejor si sabes qué esperar. Estas son algunas de las cosas que tener en cuenta:

No tienes que prepararte para la sesión. No hace falta que «causes buena impresión» ni que estés más «normal» de lo habitual. Sé tú misma, aunque eso signifique que te muestres triste, preocupada o cansada. No puedes suspender terapia.

No tienes por qué contar cosas con las que no te sientas cómoda. Muéstrate abierta, pero tienes derecho a hablar de tu vida y tus sentimientos a tu propio ritmo. Estás en terapia por ti. Tú eres quien marca el tono y el ritmo.

Si tu terapeuta no te convence, puedes elegir otro. Ir a terapia puede ser caro. Así que haz caso a tus instintos: si el terapeuta al que has ido no te gusta, ¡busca otro!

71

¿QUÉ PASA SI TU CEREBRO FUNCIONA DIFERENTE?

Una de las cosas más interesantes de las personas es que todos somos diferentes y, por tanto, nuestras mentes también funcionan de forma distinta. Esto se llama **neurodiversidad**. Es una palabra complicada con un significado sencillo: todos somos únicos en la forma en que aprendemos, nos relacionamos y procesamos las emociones. Afecciones como el autismo, el TDAH o la dislexia son solo algunos ejemplos de las diferencias entre las mentes humanas.

El **autismo** afecta al desarrollo del cerebro. Los niños y niñas con autismo suelen tener problemas a la hora de hacer amigos, hablar, modificar sus rutinas o mantener la calma ante ruidos o luces intensos. También puede que repitan algunas palabras o se muevan de una manera especial. El autismo es un «espectro», así que algunas personas tienen muchas de estas cualidades y otras menos, o menos intensas.

El **TDAH** se manifiesta de varias formas. Una de ellas es el «TDAH inatento» (lo que antes se llamaba TDA), que hace que las personas tengan problemas para concentrarse o escuchar. Estas personas se distraen con facilidad y a veces son olvidadizas. Por otra parte, las personas con trastorno por déficit de atención e hiperactividad tienen una energía desbordante, se mueven mucho y parece que no pueden estar quietos. El TDAH es bastante frecuente: más de 1 de cada 10 niños lo tienen.

La **dislexia** es un trastorno del aprendizaje. Cuando aprendemos a leer, la principal pieza que encaja es que los sonidos que emitimos al hablar se corresponden con letras y palabras. Para las personas con dislexia, esta descodificación es más difícil. Pero eso no tiene nada que ver con su inteligencia. Si reciben un poco más de atención y adaptan el aprendizaje a sus necesidades, los niños y niñas con dislexia pueden tener éxito y obtener buenos resultados académicos.

La neurodiversidad demuestra que no hay una forma correcta de procesar la información, y que las diferencias se deben celebrar y no «curar». Las personas con estas afecciones se llaman a sí mismas **neurodivergentes**, mientras que el resto de personas son **neurotípicas**. Las personas neurodivergentes pueden ser productivas y llevar una vida plena. Solo necesitan alguna que otra consideración especial, como una persona en silla de ruedas necesita una rampa. Muchas personas neurodivergentes han logrado grandes cosas. Un ejemplo es Temple Grandin, profesora de ciencias de los animales que inventó métodos innovadores para mejorar el bienestar del ganado en las granjas.

Si te identificas con algunos de los rasgos neurodivergentes mencionados, habla con un adulto y pídele que te lleve a un médico. No sucumbas al impulso de buscar en Google: encontrarás un montón de información, pero quizás no te resulte útil. Lo mejor es que hables con un profesional, de ser posible uno que te trate con respeto y sensibilidad.

VOCES REBELDES

«El mundo necesita que todos los tipos de mentes cooperen».
—Temple Grandin, profesora de ciencias de los animales

Cómo ser una buena amiga de una persona neurodivergente

Imagina que eres una persona neurotípica que acaba de conocer a alguien con autismo y quieres que sea tu amiga. Aquí, las palabras clave son **aceptación**, **paciencia** y **empatía**. Para las personas neurotípicas no siempre es fácil ser amigas de personas neurodivergentes. Puede que estas personas no sigan las normas sociales aceptadas, y quizás te sorprenda ver que se comportan de forma diferente a lo que consideramos educado o aceptable. Es importante

que recuerdes que las normas sociales se establecieron para personas neurotípicas. Intenta imaginar tu vida en un mundo en el que muchas de las expectativas cotidianas no se adaptan a cómo funciona tu cerebro.

En un primer momento, la situación puede ser un poco incómoda. Pero una vez que conozcas a la persona, será más fácil que cada uno aprecie los puntos fuertes y talentos únicos del otro. Apreciar la diferencia es una habilidad muy importante en la vida.

Ahora que sé cómo funcionan los cerebros, tendré en mente (perdón por la broma) que la mente de cada persona funciona de una manera diferente y especial. A lo largo de la vida sentimos muchísimas emociones. Todas son normales y un ejemplo más de lo asombroso que es el cerebro humano. Incluso cuando las sustancias químicas que libera mi cerebro hacen que me sienta triste o me enfade, sigue siendo increíble recordar la cantidad de emociones e ideas diferentes que puede despertar. Y es que, ¿dónde estaríamos sin nuestros pensamientos y sentimientos?

PREGUNTA A LAS EXPERTAS

Ir a clase es muy divertido. Aprendes cosas nuevas, descubres qué se te da bien y pasas tiempo con tus amigos. Pero no todo es fácil. Por eso enviamos estas preguntas a Aline Topjian, asesora de aprendizaje socioemocional, para que nos diera su opinión sobre cómo manejar las preocupaciones escolares.

Este año me agobia la cantidad de tarea que tengo. ¿Cómo puedo gestionar mejor mi tiempo?
—Caroline P., 13, Idaho (EE. UU.)

Es normal que te sientas estresada y abrumada por la cantidad de tarea. La buena noticia es que hay muchas estrategias y herramientas que te pueden ayudar a gestionar mejor el tiempo y reducir el estrés.

Lo primero es buscar un lugar de tu casa en el que hacer la tarea cada día. Puede ser tu cuarto, o quizás prefieras la barra de la cocina, mientras otros preparan la cena. ¡Tú eliges! Intenta también que tu horario sea siempre el mismo. Por ejemplo, puede que cada día después de clase vuelvas a casa, meriendes algo y descanses durante 10 minutos para, a continuación, hacer tu tarea. Utilizar herramientas como planificadores y listas también es muy útil para organizarte y saber todo lo que tienes que hacer. Ordena las tareas por plazos y, cuando las termines, táchalas de la lista. ¡Así sentirás que has hecho algo! Por último, haz pequeños descansos entre tareas. La actividad física ligera, como los estiramientos o un pequeño paseo, te ayudará a recuperar la concentración.

A veces, mi problema de aprendizaje me frustra y avergüenza.
¿Cómo puedo enfrentarme a estos sentimientos y rendir bien en clase?
—Nora L., 11, Georgia (EE. UU.)

Lo primero es lo primero: tu problema de aprendizaje no tiene nada que ver con tu inteligencia. Algunas de las personas más brillantes y de más éxito del mundo tienen problemas de aprendizaje. También debes entender que cada persona aprende de forma diferente y todos tenemos puntos fuertes y débiles diferentes, sin importar si tenemos un problemas de aprendizaje o no. Haz una lista con todas las cosas que se te dan bien y léela cuando te sientas mal.

También puedes buscar ayuda y apoyo. Si, por ejemplo, lo que más te cuesta es la comprensión lectora, pide a tu profesor que te ayude después de clase y repasa con él o ella lo que debes leer para asegurarte de que lo entiendes. También puedes buscar a otras personas con problemas de aprendizaje similares. No te será difícil encontrarlos: en Estados Unidos, se calcula que alrededor del 20 % de los alumnos tienen alguno. Esto quiere decir que, de cada 10 de tus compañeros, es probable que 2 tengan un problema de aprendizaje. Contar con un grupo de apoyo y saber que no estás sola hará que todo sea más fácil.

Aline Topjian, asesora de aprendizaje socioemocional

Nuestras lectoras y oyentes tenían muy buenas preguntas sobre la salud mental, así que nos pusimos en contacto con la psicoterapeuta Alexandra Vaccaro para obtener respuestas. Estos son sus consejos para controlar la ansiedad y mantener una actitud positiva.

Sé que todos sentimos ansiedad en algún momento, pero ¿cómo se gestiona? —Aubree F., 9, Nueva York (EE. UU.)

Tienes toda la razón: en algún momento de nuestras vidas, todos tenemos sentimientos de ansiedad. Por suerte, hay muchas técnicas para gestionar esta emoción, tan compleja a veces. El *mindfulness* es muy útil, porque te ayuda a calmar la mente y el cuerpo, y hace que te centres en el presente. El capítulo que acabas de leer te enseña un ejercicio de respiración, que puedes llevar un paso más allá. Tiene varios nombres, pero a mí me gusta «respiración cuadrada». ¡Verás qué fácil es! El primer paso es dibujar un cuadrado. Con un dedo, repasa hacia arriba el lado izquierdo del cuadrado mientras inhalas profundamente y cuentas hasta cuatro. Continúa por la parte superior del cuadrado y mantén la respiración hasta que termines de contar hasta cuatro. Mientras recorres el siguiente lado del cuadrado, suelta el aire contando hasta cuatro. Por último, aguanta la respiración mientras recorres la parte inferior del cuadrado. Y vuelve a empezar. Repite el ejercicio tantas veces como necesites, hasta que empieces a sentir que la preocupación abandona tu cuerpo.

La mente es muy poderosa y le encanta jugarnos malas pasadas. A veces, nos hace creer que no podemos controlar nuestros pensamientos y sentimientos. Pero ¿sabes qué? Nuestros pensamientos son los que realmente deciden cómo nos sentimos. Si logramos que nuestros pensamientos sean positivos, de esperanza y felicidad, nos sentiremos más felices incluso aunque el día haya sido un desastre. Una forma de practicar esto es escribir un diario de gratitud. Cada día, escribe tres cosas por las que te sientas agradecida. Pueden ser cosas grandes, como tu familia, o pequeñas, como la fresa que te has comido ese día y que estaba riquísima. Las cosas difíciles y los días malos seguirán existiendo, pero será más fácil hacerles frente si tu mente es fuerte.

Alexandra Vaccaro, psicoterapeuta

79

CAPÍTULO 2

Mi cuerpo es fuerte

El cuerpo humano es verdaderamente increíble.

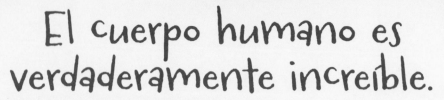

Puede escalar montañas, dar a luz y batear tan fuerte que no ves dónde cayó la bola. Es cierto que ahora mismo no puedo hacer todas esas cosas y, de hecho, no todos pueden llegar a hacerlas (¡y no pasa nada!). Pero si se dieran las condiciones adecuadas y me esforzara, quizá, solo quizá, podría ser triatleta, bailarina de danza del vientre, astronauta o algo que todavía no sé qué es. Los cuerpos pueden tener todas las formas y tamaños imaginables, y cambian constantemente.

A veces me siento bien y tranquila en mi cuerpo, pero en otras ocasiones me causa frustración y dolor. Sobre todo ahora que crece y cambia como nunca. Me da un poco de miedo, pero también es asombroso. Mi cuerpo es bueno conmigo y a mí me encanta.

CÓMO FUNCIONA TU CUERPO: UN RESUMEN

Dentro de poco, tu cuerpo se empezará a transformar y crecerá. O quizás ya está sucediendo. ¡Qué emocionante! Pero incluso antes de llegar a esta fase, el cuerpo es un sistema perfecto compuesto por miles de piezas móviles. Habrá tiempo para hablar del pecho y el vello corporal, pero antes nos centraremos en lo básico: algunas de las formas en las que tu fantástico y capaz cuerpo te mantiene fuerte y sana.

Tus músculos

Cuando piensas en un músculo, puede que imagines un bíceps abultado. Pero en tu cuerpo hay más de 600 músculos, y algunos trabajan sin necesidad de flexionar nada. Gracias a tus músculos puedes levantar una maleta o saltar sobre la cama, pero también hacen que la sangre de tu cuerpo fluya todo el tiempo. Son elásticos y están formados por miles y miles de fibras.

Los que puedes controlar y a veces ver (esos que parecen regalices rojos en los carteles de clase de ciencias) son los **músculos esqueléticos**. Se unen a los huesos por medio de lo que llamamos **tendones**. Al flexionar un músculo para hacer ejercicio o levantar algo, los tendones y los huesos acompañan el movimiento. Algunos de los músculos más fuertes y visibles de tu cuerpo son los de los muslos, pantorrillas y brazos. Pero también hay otros, más pequeños, que nunca dejan de trabajar. Estos son, por ejemplo, los músculos del cuello, las manos e incluso la cara. Los músculos faciales son algo diferentes a los esqueléticos porque a veces están unidos a la piel y no a los huesos. Gracias a ellos puedes fruncir el ceño o sonreír, o sacarle la lengua a tu hermana pequeña;

te permiten poner millones de expresiones faciales distintas cada día. ¡Los músculos incluso nos ayudan a hablar! La lengua está formada por músculos. Ocho para ser exactos.

Otros músculos actúan por sí solos, sin que tengas que pensar en ellos. Hacen posible tragar la comida o retener (y expulsar) la pipí. Son los **músculos lisos**, y están por todo el cuerpo, asegurándose de que todo funcione a la perfección.

Además, en tu pecho hay un último grupo de músculos, esencial y que funciona de manera involuntaria: los **músculos cardíacos**. Son los encargados de que tu corazón bombee sangre por todo el cuerpo. ¿Sabes qué es el latido del corazón? Tus músculos contrayéndose y relajándose.

Información básica sobre los huesos

Muchos de nuestros músculos no funcionarían sin los 206 huesos que tenemos en el cuerpo. Los músculos esqueléticos rodean los huesos y articulaciones para que nos podamos mover y que nuestro cuerpo tenga fuerza. También protegen los órganos internos. Es posible que estés acostumbrada a relacionar los huesos con la muerte (por ejemplo, el espeluznante esqueleto de la clase de biología o los huesos de dinosaurio del museo). Pero los huesos de tu cuerpo están muy vivos y, como el resto de tu cuerpo, no dejan de crecer contigo.

Cada hueso tiene varias capas: el **periostio**, el **hueso compacto**, el **hueso esponjoso** y la **médula ósea**. El periostio es la capa exterior de los huesos, una membrana que los protege, los ayuda a crecer y los repara si se rompen. El hueso compacto es lo que todos entendemos por «hueso»: la capa dura, lisa y blanquecina. Y *debajo* hay muchas capas de hueso esponjoso, que se llama así porque parece, lo adivinaste, una esponja. Sus capas son más ligeras y flexibles que las del hueso compacto. Bajo todas estas capas, muchos huesos contienen algo llamado médula ósea, de consistencia gelatinosa y capaz de producir todo tipo de células sanguíneas para nuestro organismo.

El hueso más fuerte de tu cuerpo es el del muslo. Puede soportar hasta *30 veces* el peso de tu cuerpo. ¡Como una clase entera de cosas de tu tamaño! ¿No te parece increíble? Otros huesos son delicados, como los 27 de las manos, gracias a los que puedas lanzar una pelota, escribir o agarrar puñados de palomitas. Muchos huesos son visibles o palpables bajo la piel, como el cráneo, la columna vertebral y las clavículas.

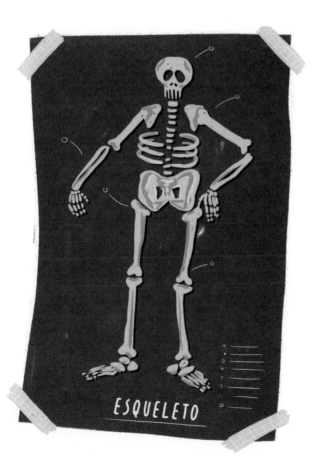

ESQUELETO

Aunque la función de los huesos es proteger el cuerpo y fortalecerlo, se pueden romper. Por eso debes protegerlos: ponte casco si andas en bici y protecciones si practicas deportes como futbol o *hockey*. Consume alimentos ricos en calcio como leche, queso, yogur, almendras y verduras de hoja verde para que tus huesos se mantengan fuertes y crezcan bien.

Tu propio guardaespaldas: tu sistema inmunitario

Tu sistema inmunitario te protege. Lo forman una red de órganos, células y proteínas, listos para protegerte de los invasores externos que te hacen enfermar. ¿Y sabes quiénes son muy importantes? Quizás ya los conozcas: son los **glóbulos blancos**. Los **fagocitos** atacan a los gérmenes en cuanto entran en el organismo, mientras que los **leucocitos** reconocen a invasores anteriores y elaboran el plan de ataque. ¿No te parece increíble tener a un equipo de seguridad en tu cuerpo dispuesto a protegerte?

Por supuesto, no es perfecto: todos enfermamos a veces. Pero en ese caso, el sistema inmunitario también interviene y te ayuda a recuperarte. Para que el sistema inmunitario funcione lo mejor posible, es importante tomar alimentos nutritivos, mucha vitamina C (en productos como el jugo de naranja), dormir lo suficiente y lavarte las manos con frecuencia. Y no te olvides de avisar a un adulto si te encuentras mal. Nadie conoce tu cuerpo mejor que tú; si notas algo raro, no dudes en decirlo.

¿Tienes la barriga feliz? Es gracias a tu sistema digestivo

La comida es una de las mejores cosas de la vida. El salado del pepinillo, el crujido al morder una manzana verde, un trozo de pizza de pepperoni... ¡La comida rica es lo mejor! Pero los sabores y las texturas de los alimentos que tanto disfrutas en la boca son solo el primer paso de la forma en que tu cuerpo procesa los alimentos que ingieres y los convierte en energía para fortalecer tu organismo.

La digestión comienza en la boca. Al masticar, los alimentos se mezclan con la saliva, que los ablanda para que bajen más fácilmente por la garganta. La saliva también contiene enzimas que separan el almidón y las grasas de los alimentos. Cuando tragas, la comida baja por la garganta hasta el esófago. Allí, sus paredes crean ondas que empujan la comida hacia el estómago.

Pero la transformación no termina aquí. El estómago es una bolsa en forma de J que mezcla y descompone los alimentos con la ayuda de más enzimas y jugos gástricos, así como sus potentes músculos. A continuación, los alimentos viajan por el intestino delgado, de extensión considerable. Si lo estirases, ¡mediría más de 6 metros! Aquí, el organismo termina de descomponer los alimentos en sustancias útiles para tu cuerpo: los jugos del organismo convierten los alimentos en sustancias químicas que entran en el torrente sanguíneo. Desde allí, llegan a las células, que las utilizan para que crezcas y tengas energía. ¡Cuántas cosas!

¿Y lo que no se puede descomponer? Va a parar al intestino grueso, que lo empuja lentamente hacia el colon y, finalmente, lo expulsa del cuerpo. Ahí es cuando debes ir al baño (¡no te hagas la sorprendida, sabías que todo se dirigía allí!).

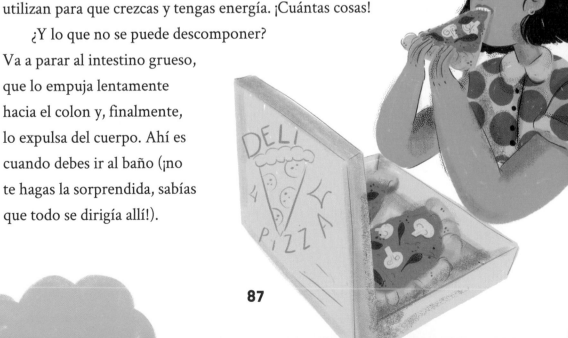

Sí, estás creciendo... Pero ¿cómo lo haces?

Desde que eras diminuta, todas las partes de tu cuerpo han ido creciendo y madurando. ¿Sabías que tenías más huesos cuando eras bebé que ahora? Al crecer, algunos de los alrededor de 300 huesos con los que nacemos se fusionan, mientras que otros se endurecen con el paso del tiempo. Los estirones forman parte de tu vida desde que naciste, y esta etapa de tu vida no es una excepción.

Puede que, de repente, te des cuenta de que eres mucho más alta que el resto de tus compañeros. O de que tus *jeans* favoritos te quedan cortos o ya no te cierran. O quizás sea al contrario: no diste el estirón y eres más bajita que todos los demás. ¡Todo es normal! Cada persona crece a su propio ritmo.

Pero ¿qué hace tu cuerpo para crecer? Las células del cuerpo se están, literalmente, multiplicando y tu cuerpo rebosa de la hormona del crecimiento, que se produce en un órgano del tamaño de un guisante situado en tu cerebro, la **glándula pituitaria**. De todos modos, lo que crecerás depende en gran medida de tu familia, no de tus hábitos. Por mucho que un adulto con buenas intenciones te diga que el café frena el crecimiento y la col rizada hará que crezcas como una mala hierba, el factor más determinante son los genes.

Además, cuando llegues a la pubertad, habrá otras hormonas recorriendo tu cuerpo, como el estrógeno y la testosterona, que te harán crecer de otras maneras. En algún momento, tus pechos se desarrollarán, tendrás más vello corporal y empezarás a oler diferente (hablaremos de todo eso más adelante).

CUERPOS QUE FUNCIONAN UN POQUITO DIFERENTE

Como ya te habrás dado cuenta, el cuerpo humano es increíblemente complejo: una función lleva a la siguiente, y esta a otra, y a... ¡ya sabes por dónde vamos! Es todo tan complicado que, a veces, las cosas no van como deberían. Y, en esos casos, pueden surgir afecciones que se deben tratar y gestionar. Estas son algunas de las más comunes. Puede que conozcas a alguien afectado. ¡Quizás incluso tú misma!

Alergias: las alergias se producen cuando el sistema inmunitario reacciona ante una sustancia como si fuera peligrosa. Son bastante comunes, aunque se presentan de diferentes formas. Hay personas alérgicas a sustancias aerotransportadas, es decir, que reaccionan a sustancias presentes en el aire como el polen de los árboles. También existen las alergias a animales o alimentos, como los lácteos o los frutos secos. Algunas alergias son leves y se tratan con medicamentos de fácil acceso, pero otras son más graves y la persona debe evitar a toda costa aquello que le provoca la alergia. Así que si uno de tus amigos es alérgico a los cacahuates, ¡no te lleves un sándwich de crema de cacahuate a clase!

Asma: se trata de una afección pulmonar que dificulta la respiración. Lo puede desencadenar el ejercicio, una alergia o una enfermedad

respiratoria como un resfriado o una gripe. La mayoría de las veces, el asma se trata con medicación. Quizás conozcas a alguien con un inhalador de esos que emiten un *pfft* al pulsarlo.

Diabetes: hay dos tipos de diabetes. La de tipo 1 es genética, y la más común entre niños y niñas. La de tipo 2, por su parte, se desarrolla con el tiempo y suele estar relacionada con hábitos como una alimentación poco saludable. Ambos tipos tienen que ver con la cantidad en el organismo de insulina, la hormona que cuida de las células sanguíneas. Las personas con diabetes deben controlar sus niveles de insulina para asegurarse de que están dentro de unos valores normales. A veces, llevan un dispositivo de control.

Estas afecciones no siempre son visibles, pero las personas que las padecen las deben gestionar a diario.

Saber más sobre la discapacidad

Pero también hay discapacidades físicas visibles.

Los cuerpos pueden tener formas y tamaños diferentes, pero también capacidades distintas. Hay personas que necesitan sillas de ruedas o bastones para desplazarse. Otras pueden tener diferencias en las extremidades, es decir, brazos o piernas de formas diferentes, o quizás incluso no tengan dos brazos y dos piernas. Algunas personas llevan dispositivos como audífonos o implantes cocleares que les ayudan a oír.

Darse cuenta de que un cuerpo es diferente al tuyo es normal. Si tienes dudas sobre las capacidades de una persona, pregunta a un adulto en privado. Sentir curiosidad es natural, y es mejor no asumir. Aprender sobre las capacidades diferentes es una muy buena forma de entender cómo ser una buena amiga para esa persona y, en general, ser una persona más informada y empática.

Lo más importante es que seas consciente de que, aunque el cuerpo de alguien no sea como el tuyo (¡o el mío! ¡o el suyo!), más cosas nos hacen parecidos que diferentes. Todos queremos que nos traten con respeto y nos hablen con amabilidad.

PREPÁRATE PARA LA PUBERTAD

La **pubertad** es una etapa confusa y emocionante que forma parte de hacerse mayor. Puede empezar desde los 8 hasta los 13 años y provoca cambios que siguen una secuencia establecida. En esta época, tus emociones se pueden desbordar y cambiar de un momento a otro. Y los cambios también se apreciarán en tu cuerpo. ¡Descubrámoslos!

Cambios en la forma del cuerpo

Cuando eras pequeña, es probable que la forma de tu cuerpo se pareciera a la de los chicos de tu entorno. Tenías el pecho plano y la cintura más o menos igual de ancha que las caderas. Cuando las personas asignadas mujer al nacer alcanzan la pubertad, los estrógenos (la hormona responsable del desarrollo de las partes femeninas del cuerpo) suele hacer que las caderas se ensanchen. Puede que aumentes ligeramente de peso, aunque quizás tu cintura se reduzca en comparación con las caderas. En cualquier caso, en tu cuerpo pueden aparecer curvas que antes no existían.

Esto se debe a que tu cuerpo se está preparando para que, si lo decides, puedas gestar un bebé algún día.

Pero no olvides que los cuerpos pueden tener infinidad de formas diferentes. No todas las chicas tienen curvas, ni una cintura más estrecha que las caderas. Algunas personas tienen forma de reloj de arena; otras, de palo, manzana, pera... Te haces una idea. Todas estas formas son normales y saludables, y suelen venir determinadas por el aspecto de nuestras familias, no por lo que comemos o el ejercicio que hacemos. Recuerda, además, que en este momento tu cuerpo se está volviendo un poco loco. Quizás no descubras su forma adulta hasta dentro de muchos años. Mientras tanto, ten por seguro que tu cuerpo está haciendo exactamente lo que se supone que debe hacer: ¡crecer!

La aparición del pecho

Uno de los primeros cambios de la pubertad, y de los más notables, es el crecimiento de los pechos. Será algo gradual, probablemente entre los 8 y los 13 años (aunque también puede ser un poco antes o más tarde). Lo primero que notarás son los «botones mamarios», pequeños montículos bajo cada pezón que quizás sean sensibles al tacto. También puede que tus pezones se oscurezcan y aumenten de tamaño. A medida que el pecho pasa por las fases de crecimiento, su aspecto puede ser puntiagudo, desigual o algo «raro». Haznos caso: todo es parte del proceso. Cuando llegues al final de la adolescencia, su forma se estabilizará, aunque siempre serán algo diferentes entre sí, algo que también es normal. El pecho puede tener una infinidad de formas: redondo, con forma de lágrima o tubular; también pueden estar muy separados o muy juntos entre sí; ser grandes, pequeños, firmes o blandos, ¡y un montón de cosas más! Todas están bien y forman parte de tu cuerpo, fabuloso y único.

Sabemos que, aunque te digamos que todo esto es normal, te puede dar un poco de vergüenza tener de repente estos bultos bajo la camiseta, pues antes no estaban allí. Y lo mismo ocurre si tu pecho tarda en crecer.

La pubertad es una época en la que te puedes sentir cohibida y empezar a comparar tu cuerpo con el de las demás, preguntándote si estás a la altura. Quizás te preguntes si tus pechos son «demasiado pequeños» o «demasiado grandes». A pesar de lo que decidan los niños en el colegio (y siempre habrá quien se crea con autoridad para opinar sobre el cuerpo de los demás), nada es «demasiado» nada.

Cada cuerpo tiene su propio ritmo. Lo mejor que puedes hacer es aceptar lo que venga.

Puede que huelas diferente

Dentro de poco, tu cuerpo se inundará de montones de hormonas, que (entre otras cosas) activarán las glándulas sudoríparas de tus axilas. Eso hará que sudes más que antes en esa zona. Y, cuando ese sudor se mezcla con bacterias... ¡boom! Surge el olor corporal. Este nuevo olor es, cuanto menos, peculiar: quizás te recuerde al de la sal, la cebolla o incluso al de los macarrones con queso. No siempre es agradable, pero de nuevo (¡todos juntos!): es totalmente normal.

Quizás te salga algún granito

Las hormonas de la pubertad también afectan a las glándulas sebáceas del cuerpo. La grasa es necesaria para mantener sanos el cabello y la piel, pero en esta época el cuerpo la produce como loco. Y el exceso de aceite tiende a mezclarse con las células muertas y las bacterias. ¿El resultado? Puede que nuevos granitos salpiquen tu cara, espalda y pecho. ¡Vaya lata! Hay pocas cosas más molestas que los granos (también conocidos como espinillas y cuyo nombre oficial es acné). Es normal que formen parte de tu vida durante esta época y hasta unos años más tarde.

La mayoría de las personas deben hacerles frente en algún momento, incluso aquellas que parecen tener un cutis impecable y resplandeciente. Hay varios tipos de granos.

Puntos negros: estos pequeños puntitos negros se forman cuando los poros de la piel se obstruyen, pero siguen expuestos al aire. Suelen aparecer en la «zona T»: frente, nariz y barbilla.

Puntos blancos: también son poros obstruidos, pero su color es blanco porque están cerrados, por lo que lo que hay en su interior no se oscurece como sucede al estar expuesto al oxígeno.

Pápulas o quistes: los clásicos granos o espinillas. Son bultitos más grandes y enrojecidos. A menudo duelen si los tocas.

Tendrás pelo en sitios nuevos

¡Tus hormonas vuelven a la carga! Esta vez, envían mensajes a tu cuerpo para que produzca más pelo. Y no en cualquier sitio. Notarás que aparece en tus axilas y entre las piernas. El vello ahí abajo se llama **vello púbico**. Puede salirte claro y suave, y volverse oscuro, grueso y rizado con el tiempo. No obstante, como el resto del cuerpo, la textura y el color del vello púbico de cada persona son diferentes. Quizás el tuyo sea del mismo color que el pelo de tu cabeza, o puede que no. Como también ocurre con el pecho, es un proceso largo y gradual. Pasarán años hasta que alcances la cantidad que tendrás de adulta. Además del vello púbico, quizás notes que el vello de tus brazos y piernas es más grueso. Y que el pelo de tu cabeza es más graso. ¡O quizás no! Sabemos que empezamos a sonar como un disco rayado, pero cada persona es diferente. Así que puede que el pelo graso o el aumento del vello sean una gran parte de la pubertad para ti... o quizás no lo sean en absoluto.

Quizás manches tu ropa interior

¿Sabías que tu vagina se limpia sola? ¡Es verdad! Durante la pubertad, la actividad en la vagina se dispara, y empieza a producir un líquido claro o lechoso, de consistencia mucosa, llamado **flujo vaginal**. Nos pasa a todas. Es tu cuerpo asegurándose de que la vagina está limpia, hidratada y sin infecciones. El flujo no debería tener un olor muy penetrante. Si es así, sobre todo si huele *mal*, díselo a tus padres. Puede indicar una infección, y deberías ir al médico.

TENDRÁS TU PRIMERA REGLA

En algún momento, después de que hayas notado algunos de los cambios de los que te hablábamos (en especial si ya notaste flujo vaginal), tu cuerpo alcanzará un *gran* hito: empezarás a sangrar por la vagina durante unos días o una semana cada mes. Esto se llama **menstruación** o, de forma más coloquial, «tener la regla». La edad media de inicio de la menstruación se sitúa en torno a los 12 años, aunque puede ser que en tu caso sea a los 9 o 10, o a los 14 o 15.

La idea no suena muy atractiva. ¿Sangre? *¿Saliendo de mi vagina?* Lo admitimos, estos días no siempre son los mejores o más cómodos. Pero mientras que la sangre suele ser una señal de que estamos heridos o de que algo va mal, lo bonito de la regla es que te está diciendo que tu cuerpo funciona tal y como debería. Y también que tu cuerpo se está preparando para, algún día, poder tener un bebé, cuando y si te sientes preparada.

Empecemos por el principio: ¿por qué sangramos cada mes? Todo empieza en el útero, el lugar de tu cuerpo en el que podría crecer un óvulo fecundado hasta convertirse en un bebé. A lo largo del mes, tus hormonas van preparando el útero para esta posibilidad cubriendo sus paredes de sangre. Cuando en el útero no hay ningún óvulo fecundado (y, por tanto, ningún feto), el revestimiento se rompe y es expulsado por la vagina. ¡Así de simple! Eso es la menstruación.

La sangre de la regla no es como la que ves cuando te cortas o te raspas la rodilla:

puede ser más oscura y tener una textura menos líquida, quizás con algún que otro pequeño grumo. En los días de menos flujo, su color puede ser más marrón que rojo. La cantidad de flujo puede ser impredecible en un principio, pero con el tiempo se suele estabilizar en un patrón. El comienzo del ciclo puede presentar un flujo más abundante, que disminuirá al cabo de unos días.

Qué esperar de tu primera menstruación

El primer sangrado puede ser muy diferente, y puede o no durar una semana entera. Quizás solo sea una mancha de color rojo parduzco en la ropa interior. Y esto podría significar que a partir de ahora tendrás la regla cada mes, pero lo más probable es que tardes un tiempo (a veces un par de años) en que tu menstruación sea algo regular. Muchas chicas se dan cuenta de que, después de su primera regla, pasan varios meses hasta que vuelven a sangrar.

Así que, ¿qué debes hacer si vas al baño y te encuentras con esa mancha (o gotitas o chorro)? ¡Que no cunda el pánico! Quizás te de un poco de vergüenza, pero no hay razón para que te sientas así. Hay familias en las que este momento es motivo de celebración, ¿y por qué no iba a serlo? ¡Es algo emocionante! El ciclo menstrual es la razón del nacimiento de casi todas las personas del planeta Tierra. ¿No es genial?

Aún así, estás sangrando, así que necesitas entrar en acción. Si la regla te toma por sorpresa y no llevas nada encima, dobla unos cuantos cuadrados de papel higiénico y colócalos en tu ropa interior para que absorban la sangre. Lo más probable es que *no* se traspase hasta tu ropa exterior, pero si eso sucede, busca una chamarra o suéter a tu alrededor y átatelo a la cintura. A continuación, cuéntale a una mujer en la que confíes que te vino la regla. Te garantizamos que recordará perfectamente cómo se sintió ella y te ayudará encantada. Y ya que los mencionamos...

Tampones, toallas y otros productos

Una de las primeras cosas que deberás decidir cuando te venga la regla es cómo evitar que la sangre ensucie tu ropa. Lo más habitual son las toallas y los tampones. También hay ropa interior absorbente, con la que sangras directamente sobre la tela; algunas hasta tienen estampados bonitos para chicas de tu edad. Son mejores para el medio ambiente que las toallas, pero requieren cierto esfuerzo de limpieza. Por último están las copas y los discos menstruales, que suelen ser reutilizables y se pueden llevar más tiempo que los tampones. Sin embargo, hace falta algo de experiencia para entenderles el truco, así que te recomendamos empezar con un método más sencillo.

La mayoría de chicas suelen empezar por las toallas, pues son muy fáciles de usar. ¡Hablemos de ellas! Las toallas tienen forma rectangular y están hechas de un material grueso y superabsorbente. Tienen una parte adhesiva que se pega en la ropa interior, y algunas tienen «alas» que se pliegan por los bordes de la ropa interior para evitar las fugas. Para exponer la cara adhesiva que pegarás a tu ropa interior, deberás retirar la fina capa de papel que la cubre. Hay toallas para todas las fases de la menstruación, desde los días de flujo más ligero hasta los de más abundante.

VOCES REBELDES

«Todos somos imperfectamente bellos; celebrémoslo».
—Lili Reinhart, actriz

Tipos de toallas

* De noche (las más gruesas y absorbentes)

* Super plus (gruesas y muy absorbentes, para los días de flujo más abundante)

* Super (para días de flujo todavía abundante)

* Normales (más finas, aunque con una buena capacidad de absorción, para un flujo medio)

* Finas/ultrafinas (para días de flujo ligero)

* Pantiprotectores o salvaslip (para gotas sueltas y manchado)

Algunas toallas llevan olores añadidos, aunque te recomendamos utilizar las que no los llevan. Los perfumes pueden irritar las partes sensibles e incluso provocar infecciones. Además, no son necesarios. Siempre que te cambies la toalla con frecuencia (cada pocas horas o incluso menos, según la cantidad de sangre que veas en ella), el olor no debería ser una causa de preocupación. Cuando te cambies, envuelve bien la toalla en papel higiénico y tírala a la basura. ¡No la tires por el excusado!

¿Y qué pasa con los tampones? Sin duda, ponértelos es algo más complicado que pegar una toalla a tu ropa interior. Los tampones son tubos firmes de material absorbente que se introducen en la vagina, a menudo con la ayuda de un aplicador de cartón o plástico. Absorben la sangre antes de que salga del cuerpo. Los músculos de la vagina sujetan el tampón, así que no te preocupes: ¡no se saldrá! A muchas chicas les encanta la comodidad y el confort que brindan los tampones. Si está bien colocado, no lo notarás, y todo es mucho más fácil a la hora de hacer cosas como nadar o hacer deporte durante la menstruación. Pero si no estás acostumbrada, introducirte algo por ahí puede parecer aterrador o incómodo, así que ve a tu propio ritmo. Los tampones seguirán ahí si decides usarlos.

Cuando vayas a probarlos, asegúrate de tener suficiente tiempo en el baño para practicar, practicar y practicar. Al principio, la mayoría de chicas se sienten más cómodas usando tampones de menor tamaño (también llamados «mini» o «junior»). Además, el envase suele contener instrucciones detalladas sobre cómo utilizar el aplicador y qué posiciones puedes probar en el baño para conseguir el ajuste más cómodo. Todos los tampones son diferentes entre sí y, para que te quedes más tranquila, escucha esto: a la entrada de tu útero hay un tejido en forma de *bagel* del tamaño de una moneda, el llamado «cuello uterino». El agujero en su centro es verdaderamente pequeño. Así que es total y completamente imposible que un tampón se pierda en tu interior. Y eso también quiere decir que es probable que el tampón se deba introducir un poco más de lo que crees.

Imagina...

Chloe llevaba una semana en su primer campamento de verano cuando se despertó en mitad de la noche por un dolor en el bajo vientre. Fue al baño con la linterna. En su ropa interior había una mancha de sangre. Era su primera menstruación.

Chloe podría haber entrado en pánico, pero tenía un plan. Unas semanas atrás, antes de que empezara el campamento, ella y su tía compraron un bonito neceser con un estampado de palmeras y prepararon un pequeño kit de emergencia para que se lo llevara. El neceser contenía: un surtido de toallas, algo más de ropa interior oscura, una bolsita de plástico para guardar ropa interior manchada de sangre, un paquete de toallitas húmedas y un paquetito de M&M's (los favoritos de Chloe); era un momento emocionante, ¡no podían faltar los dulces!

Chloe volvió a su litera y buscó su neceser. Allí encontró todo lo que necesitaba, y también una notita sorpresa que su tía incluyó en el último momento. Unos días más tarde, cuando a otra chica de su cabaña le sorprendió la menstruación, Chloe sabía qué hacer. Le dio una de sus toallas.

Tener la menstruación no solo es un hito importantísimo de hacerse mayor. ¡También hace que pases a formar parte de la «sororidad de suministro», y que puedas ayudar a otras chicas en apuros!

Sentimientos durante la menstruación

Tener la regla es algo increíble y en absoluto algo de lo que avergonzarse. Pero a veces puede causar dolor. Literalmente. ¡Los dolores menstruales son muy reales! No es sencillo describirlos si nunca los sentiste. Más que punzante, se trata de un dolor leve pero constante que puede llegar a ser muy intenso. Además, cuando tienes la regla también puede que te sientas más cansada o sensible. Por eso es tan importante que tengas estrategias para cuidar de tu cuerpo durante esos días.

Cuando hayas tenido tu menstruación varios meses seguidos, presta atención al ritmo de tu cuerpo. Puedes darte un baño caliente o utilizar una bolsa caliente para aliviar el dolor. Tómate tu tiempo, relájate y disfruta de tu comida favorita (un dato curioso: el magnesio del chocolate ayuda a que los músculos se relajen). Sal a dar un paseo para recargar la energía. Y si nada ayuda, habla con un adulto sobre la posibilidad de tomar algo para el dolor, como un ibuprofeno. Si te duele *mucho*, no temas hablar con un adulto o con tu médico. Tener la regla no siempre es divertido, y un dolor que no se alivia con analgésicos podría indicar la presencia de un problema más grave.

El complejo síndrome premenstrual

El síndrome premenstrual, o **SPM**, es el conjunto de síntomas que puedes experimentar aproximadamente una semana antes de la menstruación (tus hormonas son, una vez más, las culpables). La lista de síntomas es larga, así que prepárate: quizás te sientas hinchada, cansada y tengas dolor de cabeza. También podrías sentirte estreñida o tener un poco de diarrea. Tal vez tengas antojos de azúcar o alimentos salados. Quizás te moleste el pecho o las lumbares. Es posible que tengas más granos de lo habitual. O que te sientas más emocional, ansiosa, llorosa o te enojes fácilmente. ¡Y la lista no termina aquí! Hace años, los médicos no se tomaban estos síntomas en serio; incluso había quienes no creían que fuera algo real. Hoy en día sí está generalmente aceptado que el síndrome premenstrual existe, e incluso que hay una forma más intensa del mismo, el llamado «trastorno disfórico premenstrual» (TDPM). Si experimentas estos síntomas de forma muy intensa o de un modo que no te permite llevar tu vida con normalidad, no tengas miedo de decirlo.

CÓMO CUIDAR DE TU NUEVO CUERPO

Ya sabes qué cambios experimentará tu cuerpo. No todos harán que te sientas bien, y a veces hará falta que te des algún que otro mimo. Así que aquí te presentamos una hoja de ruta para sentirte lo mejor posible.

Cómo proteger tu piel

Antes hablamos de los tipos de granitos que pueden aparecer en tu rostro, todos ellos molestos y dispuestos a arruinarte el día. Tu primer impulso puede ser lanzarte a la ofensiva y comprar todos los productos para el acné que veas. Pero eso es justo lo que *no* debes hacer. Las pociones misteriosas con cientos de ingredientes pueden tener el efecto contrario en tu piel. Aunque ponerte una mascarilla o usar una crema de olor rico pueda ser divertido, lo mejor que puedes hacer por tu piel es lavarla con un limpiador suave y terminar con una crema hidratante sin aceites (incluso si tienes la piel grasa, no utilizar crema hidratante puede hacer que tu rostro produzca aún más grasa, y que tu problema vaya a peor). Si tu piel se engrasa y brilla conforme avanza del día, añade unas toallitas matificantes a tu mochila. Son una forma rápida y barata de retocarte.

Por lo que más quieras, no toques o revientes tus granos. Hacerlo puede dejar cicatrices o empeorar el aspecto de un grano. ¡Y duele!

Hay productos para tratar el acné leve. Por ejemplo, cremas con peróxido de benzoilo (que elimina las bacterias) o tónicos con ácido salicílico (para eliminar las células muertas). Estos productos son muy fáciles de encontrar y sirven para casos leves o moderados. Los casos de acné más grave los deben tratar médicos especializados en la piel, los **dermatólogos**. Si el acné te impide sentirte segura de ti misma y feliz, habla con un adulto y pide cita.

Un último consejo: ¡utiliza crema solar! Cuando eras más pequeña, seguro que tus padres te perseguían por la playa para embadurnarte con ella. Pero ahora tú misma debes cuidar de tu piel para prevenir las quemaduras y el cáncer de piel (por no hablar de las arrugas cuando seas mayor). Hay muchos tipos de cremas solares respetuosas con la piel; algunas no contienen aceite, son más cuidadosas con la piel del rostro, o se aplican en spray. Hay otras que también incluyen componentes hidratantes, eliminando así un paso adicional. Quizás no sea fácil imaginarte a una versión de ti a la que el sol le haya pasado factura, pero créenos: ¡tu piel te lo agradecerá!

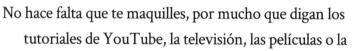

¿Qué pasa con el maquillaje?

No hace falta que te maquilles, por mucho que digan los tutoriales de YouTube, la televisión, las películas o la hermana mayor de tu amiga. Pero si quieres probar a hacerlo, recuerda que es algo con lo que divertirte, acentuar tus ya de por sí hermosos rasgos y expresarte. No se trata de «arreglar» imperfecciones o impresionar a nadie en la escuela. Piensa en el maquillaje como algo con lo que expresarte, no que te haga ser como las demás. Y, por supuesto, si tapar el grano que te salió el día de la foto de clase te hace sentir segura, ¡adelante! Pero no olvides que tu rostro es encantador tal y como es.

Dicho esto, experimentar es muy divertido. Tú decides el *look* (aunque, por mucho que te pese, tus padres tendrán algo que decir al respecto). Te aconsejamos que vayas poco a poco. Empieza por productos como la crema hidratante con color, el brillo de labios, el iluminador y la máscara o rímel de pestañas transparente. Los colores intensos quizás te resulten demasiado llamativos, y la base de maquillaje o los polvos te pueden dañar la piel. Adonde vayas también es importante. La diamantina o el delineador de ojos azul eléctrico están bien para una pijamada, no tanto para la escuela.

Y por muy cansada que estés, ¡no te olvides lavarte la cara y desmaquillarte antes de acostarte!

Oler como una rosa

Oler fantástico en todo momento es imposible. Pero como en la pubertad empezarás a sudar más y, por lo tanto, también a oler más, quizás quieras pensar en formas de refrescarte. El primer paso, sobre todo cuando te empiece a salir vello en las axilas, es enjabonar bien la zona cuando te bañes. Después puedes utilizar un desodorante o un antitranspirante que, aunque actúan de forma diferente, a menudo se combinan en un solo producto.

El **desodorante** enmascara el olor corporal, ya sea con otras fragancias o con sustancias neutras como el bicarbonato sódico.

Y el **antitranspirante** previene o reduce la sudoración bloqueando temporalmente los poros por los que sale el sudor.

Dar con el mejor desodorante para ti puede ser un proceso de ensayo y error, pues se debe adaptar a «tu» olor. Además, utilizar desodorante no es obligatorio, siempre que te esfuerces por mantener tus axilas limpias.

Que corra el aire

También puede que empieces a sudar más entre las piernas (y, como mencionamos antes, quizás notes algo de flujo vaginal en tu ropa interior). Los ambientes húmedos son el paraíso de las bacterias y los hongos, que causan malos olores o infecciones. Por eso es importante que mantengas la zona limpia y seca. No utilices jabón dentro de los labios o la vagina, que podría alterar su delicado equilibrio químico, pero no olvides enjabonar el vello púbico y los pliegues entre tus muslos y pelvis. Utiliza ropa interior de algodón, el material más transpirable. Cuando utilices traje de baño, procura quitártelo pronto. Llevar ropa húmeda durante cierto tiempo puede provocar sarpullidos o **candidiasis**, una incómoda infección que produce comezón.

¿Debería hacer algo con el vello de mis piernas?

¡Es tu decisión! No te depiles si no quieres. De hecho, cada vez más personas van «al natural». Pero si quieres probar la depilación, no hay ninguna razón de salud por la que no debas hacerlo. Eso sí, háblalo antes con un adulto.

La forma más habitual de depilarse las piernas es con una rasuradora. También se puede utilizar cera, un método más caro y que puede ser doloroso, o cremas depilatorias que disuelven el vello, que no duelen pero a veces huelen mal y no son precisamente baratas. Por el momento hablaremos de la depilación con rasuradora, el método más sencillo para una principiante. Estas son algunas cosas que debes saber.

Depilarse exige compromiso. Un par de días después de que te depiles, sentirás las piernas un poco ásperas y espinosas. Esto ocurre cuando el vello se corta con una rasuradora de afeitar y significa que, si quieres mantener la sensación de suavidad, te tendrás que depilar con cierta asiduidad. Así que asegúrate de estar dispuesta a seguir haciéndolo, o sentir esa aspereza durante una o dos semanas.

La depilación con rasuradora tiene sus riesgos. Las rasuradoras de afeitar pueden irritar la piel y dejar manchas rojas si no utilizas también un producto deslizante como una crema o loción de rasurar. Además, si no la arrastras de la forma correcta, puedes cortarte o hacerte daño. ¡Ten cuidado!

No todas las rasuradoras son iguales. Las hay desechables, que se tiran tras unos pocos usos, y otras con hojas que se pueden sustituir. Las rasuradoras pueden llevar una sola cuchilla, dos o incluso tres. Verás que hay rasuradoras «de chicas», pero en realidad son como las que utilizan los hombres para afeitarse la cara, pero de un color bonito y con una forma elegante.

Las desechables son baratas, pero utilizar una reutilizable es mejor para el medio ambiente. Elijas la que elijas, asegúrate de que las hojas sean nuevas y estén afiladas o correrás el riesgo de cortarte. Aunque el resultado no es tan perfecto como con maquinillas de doble o triple hoja, las rasuradoras de una sola hoja son las mejores para empezar, pues es menos probable que te cortes.

Guía de depilación paso a paso

1. Coloca un cuenco de agua caliente y una toalla húmeda junto a una bañera vacía. Cuando seas toda una experta te podrás depilar rápidamente mientras te bañas. Pero mejor quédate en tierra firme las primeras veces.

2. Mójate las piernas y cúbrelas de crema, gel o loción de rasurar. También puedes utilizar acondicionador para el pelo; sirve cualquier cosa con la que tus piernas estén hidratadas y que no se vaya a disipar durante el proceso. Algunas chicas solo se depilan el vello hasta las rodillas, pero otras lo hacen por toda la pierna. ¡Tú decides!

3. Empieza por el tobillo y ve subiendo. La clave está en hacerlo en el sentido contrario al crecimiento natural del vello para que el afeitado sea lo más preciso posible. Hazlo con suavidad: si presionas demasiado te puedes cortar o irritar la piel.

4. **Ve con cuidado.** Los tobillos y las rodillas son las zonas más difíciles; ve despacio y presta atención para no cortarte.

5. **Enjuaga la rasuradora en el cuenco con agua caliente después de cada pasada o cada dos.** Dependiendo de la cantidad de vello que tengas, quizás no sea necesario limpiarla *cada* vez. Pero cuanto menos vello haya en ella, mejores serán los resultados.

6. **Lávate las piernas al terminar.** Puedes hacerlo con una toalla húmeda o con el grifo, en función de la cantidad de crema de rasurar que sobre.

7. **¡Sé paciente antes de echarte crema!** Tu piel estará algo sensible, será mejor que esperes alrededor de una hora antes de aplicarte una loción o aceite hidratante.

Y... ¡ya está! Disfruta de tus piernas suaves.

Tu primer sujetador o brasier

Si quieres probar a llevar sujetador o brasier, habla con una persona adulta para decidir cuál comprar. Es posible que esta primera compra sea un poco incómoda, pero también puede ser algo divertido, como cualquier otro día de compras. Los hay de formas, tamaños y diseños muy diferentes. Hay chicas a las que les gustan de colores intensos o estampados, mientras que otras los prefieren blancos o de un color parecido a su tono de piel, para que no se transparenten.

Te presentamos algunos modelos de iniciación para que sepas qué esperar antes de irte de compras.

Camisetas de tirantes e interiores. Te permiten descubrir cómo se siente llevar algo elástico bajo la camiseta.

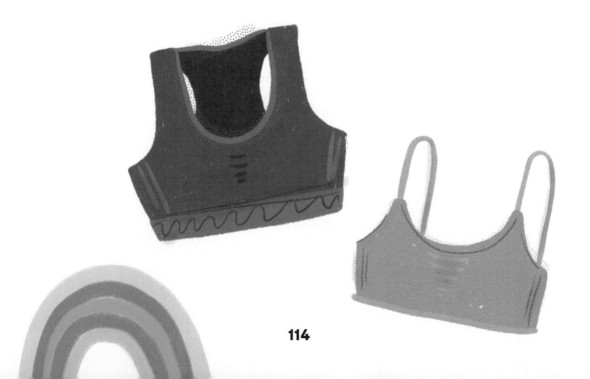

Tops. Este tipo más pequeño es para chicas que aún no han empezado a desarrollarse o están empezando. Son suaves y elásticos y, por lo general, te los puedes sacar por la cabeza, sin necesidad de cierres complicados ni nada por el estilo. Estas prendas te podrían ayudar a acostumbrarte a la idea de llevar sujetador. Lo más importante es que te sientas cómoda y confiada. Y si los tops son los que lo consiguen, ¡adelante!

Deportivos y bralettes. Son elásticos y ajustados, parecidos a las camisetas de tirantes pero que no cubren el vientre. A veces tienen tirantes ajustables que se acomodan bien, pero suelen estar hechos de una sola pieza de tela, sin muchas costuras ni enganches.

Una vez que tus pechos se desarrollen un poco más, podrías pensar en tomarte medidas. Llevar un sujetador o brasier que no es de tu talla puede ser una experiencia trágica. No es solo que tu pecho se pueda ver abultado y amorfo, sino que también puede ser increíblemente incómodo. Verás que las tallas tienen una letra y un número (34A o 36D, por ejemplo). La letra representa la talla de copa, que es la parte que cubre los pechos. La A es la talla más pequeña, y van aumentando por orden alfabético. Por su parte, los números representan pulgadas, que corresponden con la circunferencia de tu caja torácica justo debajo del pecho (tu «contorno»).

En muchas tiendas especializadas hay una persona que te ayudará a averiguar tu talla. Puede que te parezca lo más mortificante del mundo (*¿una desconocida midiéndome el pecho?*), pero a esta persona ya nada le sorprende. La experiencia solo durará un par de minutos y te asegurarás de escoger la talla perfecta. Aunque, si lo prefieres, te puedes medir en casa.

Contorno: sin ropa, rodea tu espalda con una cinta métrica de costura por debajo del pecho, a la altura a la que llevarías el brasier. No aprietes demasiado ni permitas que se cree demasiada holgura; que la tensión sea la misma que querrías sentir llevando brasier. Si el número es par, esa es tu talla de contorno. Si es impar, redondéalo al alza.

Copa: si tienes brasier o sujetador, déjatelo puesto para que tu pecho esté en el lugar que deseas (si no tienes, deja el pecho al descubierto). Utiliza la cinta métrica de costura para medir alrededor de la parte más ancha del pecho, que suele quedar por encima del pezón. Resta el contorno a la cifra que obtengas. *¡Voilà!* La diferencia es tu talla de copa: 0=AA, 1=A, 2=B, 3=C, etc.

CONSEJOS PARA EL CABELLO

Sin previo aviso, la pubertad puede hacer que el pelo de tu cabeza cambie. Con el aumento de los estrógenos, se puede volver más grueso y brillante. O quizás tu cabello, ondulado desde niña, sea ahora mucho más rizado. Pero, sin importar la textura de tu pelo, es el tuyo y es increíble. Y ahora que tú eres quien cuida de tu cuerpo (y a nadie le gusta ir por ahí con el pelo hecho un desastre), merece la pena que dediques un poco de tiempo a descubrir qué es bueno para tu cabello.

En nuestra experiencia, utilizar demasiados productos puede hacer que el cabello parezca apagado o graso (¡y te puede salir caro!). Te revelamos un arma secreta para cada tipo de pelo a fin de que siempre estés fabulosa.

Tipo de cabello: Fino y liso
Arma secreta: Champú en seco. Da textura al cabello fino y elimina el exceso de grasa entre lavados.

Tipo de cabello: Liso y grueso
Arma secreta: Unas gotitas de aceite o sérum. Tu pelo lo puede absorber casi todo, y estos productos le darán un aspecto brillante y sano.

Tipo de cabello: Ondulado
Arma secreta: Spray de sal marina.
Si pulverizas este producto una o dos
veces por tu cabello, lograrás una
mayor definición en tus ondas.

Tipo de cabello: Fino y rizado
Arma secreta: Acondicionador sin
sulfatos. Evita el encrespamiento sin
apelmazar el cabello.

Tipo de cabello: Grueso y rizado
Arma secreta: Crema moldeadora
de rizos (o, en caso de necesidad, un
poco de acondicionador). Tu cabello
necesita hidratación, pero también
algo que le ayude a mantener su
elasticidad. ¡La crema moldeadora
de rizos hace ambas cosas!

Tipo de cabello: Afro
Arma secreta: Acondicionador
intenso o mascarilla. Tu pelo se seca
con facilidad; utiliza un acondicionador
intenso y cremoso y déjalo actuar
20 minutos antes de enjuagarlo.

TU CUERPO ES DIGNO DE ADMIRACIÓN

Aunque entiendas que los cambios de tu cuerpo son naturales y esperables, a veces aceptarlos puede resultar difícil. Y más aún cuando, justo en un momento en el que atraviesas cambios enormes, la gente de tu escuela y de Internet parece tener mucho que decir sobre lo delgado o curvilíneo que hay que estar, la ropa que está de moda y los mejores peinados.

Este es nuestro consejo para bloquear el ruido: céntrate en lo que tu cuerpo es capaz de *hacer* en lugar de obsesionarte con su aspecto. ¿Notaste que tus tiempos en los entrenamientos de atletismo mejoraron después de tu último estirón? Dale las gracias a esos huesos en crecimiento. ¿Eres la única de casa que esquiva los resfriados? Siéntete orgullosa de tu sistema inmunitario. ¿Fuiste la persona con más determinación y resistencia en la excursión en grupo? ¡Qué maravilla cuando el corazón, los pulmones y los músculos están a la altura de las circunstancias! Tu cuerpo siempre está ahí para ti: sé amable con él en lugar de criticarlo.

Puede que hayas oído mensajes como «todos los cuerpos son bellos» o «ama tu cuerpo pase lo que pase». La idea tras estos mensajes es buena y no hay duda de que tener una idea positiva del propio cuerpo en todo momento es algo maravilloso. ¡Y quizás sea así para ti! En ese caso, te puedes saltar esta sección. Ese tipo de confianza es asombrosa, inspiradora y merece ser celebrada. Pero para algunas de nosotras, sentirnos bien con nuestra apariencia todo

VOCES REBELDES

«No importa cómo salgas en las fotos. Lo que importa es que estés ahí».
—Megan Jayne Crabbe, activista por la positividad corporal

119

el tiempo no es una meta realista. No pasa nada si te frustras un poco con tu cuerpo o sus cambios hacen que te sientas un poco rara. Para algunas personas, la **neutralidad corporal** es más útil que la positividad corporal porque no exige un amor constante por nuestro cuerpo, sino un respeto por lo que hace por nosotras en nuestro día a día. Además, la belleza no es lo más importante del mundo.

Tu valor no depende de tu aspecto.

Intenta centrarte en cosas como tu inteligencia, empatía, sentido del humor o fuerza, no en si el resto del mundo piensa que eres bonita.

Imagina...

Desde que tenía uso de razón, Ellie era una de las chicas más bajitas y delgadas de su entorno, tanto en clase como en el equipo de natación. Pero durante el verano creció varios centímetros y su complexión, antes esbelta, desarrolló curvas donde antes no las había. Ellie no se sentía del todo cómoda. Tenía la sensación de que la gente la miraba en la piscina y se tuvo que comprar ropa nueva.

Pero un día empezó a apreciar su cuerpo de una forma completamente nueva. Fue en la primera competencia de natación del año. Mientras esperaba al borde de la piscina, agazapada en el bloque de salida, volvieron las dudas. Se ajustó el traje de baño por enésima vez. Sentía todas las miradas puestas en ella. Pero cuando la bocina señaló la salida, se olvidó de sus nuevas inseguridades. Solo estaban ella y la piscina. Se dio cuenta de que era más fuerte de lo que pensaba, más fuerte que antes de su estirón. Las piernas la propulsaban más rápido, los brazos llegaban más lejos y los pulmones aguantaban más tiempo sin respirar.

Cuando llegó a la meta y sacó la cabeza del agua para mirar qué tal le había ido, se quedó atónita: ¡recortó cinco segundos en los 100 metros libres! Ellie se dio cuenta de que esos centímetros de más no eran tan malos. Después de aquella increíble competencia, fue descubriendo otros cambios asombrosos. Ahora llegaba a la estantería más alta de la cocina. Y podía levantar más fácilmente a su hermana pequeña. Pronto dejó de desear volver a su cuerpo de antes. Y empezó a aceptar y apreciar todas las cosas nuevas que podía hacer.

Sé crítica con lo que ves en Internet y la televisión

Por mucho que intentes no pensar ni hablar negativamente de tu cuerpo, a diario vemos imágenes en nuestros celulares y en la televisión que nos lo ponen difícil. Los cuerpos y rostros aparentemente perfectos de las estrellas de cine, *influencers* y modelos pueden poner en riesgo todo lo bueno que sabemos sobre nuestros propios cuerpos. Estas personas literalmente ganan dinero por dedicar tiempo a su cuerpo y su aspecto, a veces de forma poco saludable. Y muchas de las imágenes que nos llegan de estos profesionales de la belleza ni siquiera son reales, pues se editan con programas como Photoshop, con los que las fotos de una persona se pueden modificar para hacer sus dientes más blancos, sus piernas más largas, su cintura más fina... Y muchas cosas más. La actriz Lili Reinhart habla claro sobre cómo las redes sociales pueden hacer que nos sintamos mal con nosotros mismos: «No nos debemos fijar metas imposibles para alcanzar estándares que son falsos. No es realista pensar que tu cuerpo o el mío se parecerán al de otra persona. Así no son las cosas. Todos somos imperfectamente bellos».

Hay estudios que demuestran el impacto negativo de las redes sociales en la salud mental de las adolescentes. Si utilizas Instagram, TikTok u otras plataformas, es importante que te tomes un descanso si notas que las emociones negativas te asaltan. Recuérdate que esas imágenes no son realistas. Apoya marcas como Aerie y Dove, que no retocan el aspecto de las personas de sus campañas. Y no dudes en dejar de seguir cuentas que te hagan sentir mal contigo misma. En su lugar, sigue a otras que celebren de forma explícita y feliz la fuerza y el poder del cuerpo humano, como la de Megan Jayne Crabbe, activista por la positividad corporal.

Cómo detectar una foto manipulada

Una forma de acabar con las expectativas poco realistas es saber cuándo una foto ha sido editada hasta la saciedad. Sigue estas pautas para asegurarte:

Signos de que una imagen está editada

* Bordes deformes o formas de aspecto líquido

* Objetos en el fondo que parecen estar fuera de lugar o extraños

* Diferencias de color en la cara o el cuerpo de una persona

* Partes del cuerpo muy desproporcionadas

* Falta de sombras o contornos

* Piel imposiblemente lisa (¡todos tenemos poros!)

Si percibes alguna de estas cosas, lo más probable es que la foto esté editada. Considera este tipo de imágenes una especie de extraños proyectos de manualidades, no como algo con lo que compararte. No reflejan la realidad del cuerpo humano.

¡Formas de sentirte empoderada!

Todas tenemos días malos. Cuando esto ocurra, tómate un minuto para estar presente y reconfortarte. Aquí tienes algunas ideas.

Mantras de apreciación de tu cuerpo: Un mantra es una afirmación que dices en voz alta o piensas para sentirte mejor. Haz una lista de afirmaciones positivas y resérvalas para momentos en que te falle la confianza. Estos son algunos ejemplos:

Mi cuerpo es increíblemente poderoso.

Mi cuerpo sabe qué tiene que hacer cada minuto de cada día.

Estoy creciendo y cambiando y eso es maravilloso.

Agradecimientos: Con una pluma y un papel, da las gracias a tu cuerpo por las cosas que hizo por ti ese día. La lista podría tener este aspecto:

Gracias, reflejos, por evitar que me quemara al cocinar.

Gracias, nariz, por estornudar y expulsar el polvo esta mañana.

¡Gracias, lengua, por permitirme degustar el helado después del entrenamiento de voleibol!

Estoy Creciendo y cambiando y es maravilloso

Poses poderosas: A veces, hacer que tu cuerpo adopte una forma en la que la sangre bombee y los músculos se estiren te puede ayudar a centrarte en el presente y recordarte lo fuerte que eres. Mira estos ejemplos:

Cabeza alta, piernas abiertas y manos en las caderas

Espalda arqueada, manos arriba y abiertas

Una rodilla doblada hacia delante, manos extendidas (como si fueras a dar un abrazo)

Envía un mensaje a tu compañera de empoderamiento: Decide, con tu amiga más positiva y alentadora, una palabra clave que signifique básicamente «necesito que me recuerden lo fuerte y capaz que soy». Esta palabra puede ser cualquiera, desde algo aleatorio como «macarrones» hasta algo más tranquilizador como «refuerzo».

Tu cuerpo es tuyo

Ahora ya sabes que tener el máximo respeto por tu cuerpo es una sensación maravillosa. ¿Y sabes qué? También puedes exigir que los demás respeten tu cuerpo y tus límites. El consentimiento significa que tú decides qué sucede con tu cuerpo y quién puede tocarlo. Sí, incluso tus padres y otros adultos de tu vida. Si alguien te pide un abrazo pero no te sientes cómoda dándoselo, dile: «Hoy prefiero chocar los cinco». Y si alguna vez alguien te toca de un modo que hace que no te sientas bien, no dudes en decirlo. Si no estás cómoda contándoselo a esa persona en ese momento, díselo a un adulto.

Por supuesto, esto significa que tú también necesitas permiso de tus amigos o de cualquier otra persona para tocarlos. El consentimiento no siempre implica un sí o un no explícitos; conviene estar atenta al lenguaje corporal de los demás. Si notas que un amigo o amiga se siente incómodo o se echa hacia atrás cuando le tocas, tómatelo como una señal de que probablemente no quiere que le toques. La primera vez que conozcas a alguien, les puedes preguntar directamente: «¿Prefieres abrazos o chocar los cinco?». ¡Es una forma muy fácil de averiguar con qué se sienten cómodos los demás!

¡EN MARCHA!

¿En qué piensas si te decimos «ejercicio»? ¿Las máquinas de un gimnasio, un partido de futbol, clases de natación, pesas, una clase de yoga o un paseo por el monte? La respuesta es, por supuesto, ¡todo lo anterior! Mientras que tus músculos estén trabajando y tu corazón lata más deprisa de lo normal, todo cuenta como ejercicio. Y eso es estupendo. Aunque no siempre es fácil encontrar la motivación, casi todos admitiremos que la sensación de *haber hecho ejercicio* es fabulosa.

¿Por qué no iba a serlo? Mover el cuerpo es estupendo para la salud. Fortalece los músculos, también el del centro de tu pecho: tu corazón. Hace que tengas más energía *y* que sea más fácil dormir por la noche. ¡Son todo ventajas!

Y no solo es bueno para el cuerpo, también lo es para la mente. Al aumentar el ritmo cardíaco llega más sangre al cerebro, lo que le ayuda a desarrollar nuevos vasos sanguíneos. El ejercicio libera unas sustancias químicas llamadas **neurotrofinas**, que mejoran la capacidad de memorizar y aprender (¡quizás te vaya bien hacer algunos saltos en tus descansos de estudio!).

Como mencionamos en el primer capítulo, el ejercicio puede ser tu tabla de salvación cuando tus emociones se disparan. Libera **endorfinas**, que alivian el estrés y mitigan la depresión. También te ayuda a relajarte si estás enfadada, te distrae de tus pensamientos obsesivos y te hace sentirte bien con la fuerza de tu cuerpo si estás insegura por tu aspecto. No es la solución a todos tus problemas, pero te ayudará a sentirte bien contigo misma.

Ejercicio diario

Relajarse está genial. No te culpamos si no estás acostumbrada a moverte con regularidad y empezar a hacerlo te asusta. Pero para hacer ejercicio no hace falta estar en un equipo o tener buena coordinación. ¡Puedes ir poco a poco! No es necesario que prepares una maratón; ni ahora, ni nunca. Aquí tienes algunas formas de poner a tu corazón a latir.

Ve a los sitios a pie, no en coche. ¡Así de fácil! Es la forma más natural de desplazarse del ser humano, y aunque no *se sienta* como hacer ejercicio, lo es. Al caminar trabajas los músculos de las piernas y los glúteos. Y si vas a paso ligero, tu ritmo cardíaco aumentará. Salir a pasear es genial para despejarte y que te dé el sol, pero también un ejercicio legítimo.

Saca a un perro a pasear. ¿Dar un paseo se te antoja aburrido? ¡Llévate un perro! Así tendrás una finalidad y más ritmo, pues a la mayoría de los perros les gusta ir rapidito. Si no tienes perro, ofrécete a pasear el de algún vecino ocupado. Seguro que se alegran de no tener que contratar a alguien.

Utiliza tu propio peso. Para poner a tus músculos a trabajar no te hace falta comprar nada. Basta con tu propio cuerpo. Coloca una alfombra o una toalla en el suelo y haz unas cuantas sentadillas, zancadas, abdominales y flexiones. También puedes hacer flexiones de pie, empujando los brazos contra una pared. Si te sientes bien, haz unas cuantas más. ¡Sin presión!

Anda en bicicleta. Andar en bici es una forma estupenda de fortalecer las piernas y aumentar el ritmo cardíaco. ¡Y es muy divertido! Bajar una colinas, sentir el viento en el pelo y el sol en la cara... ¿qué más se puede pedir? También puedes quedar con tus amigos y pedalear hasta una tienda para tomar una limonada o una bebida refrescante después de tanto esfuerzo.

Aprende algunas poses de yoga. El yoga no solo estira los músculos y los hace más flexibles; también ayuda a practicar *mindfulness*, aceptar tu cuerpo y relajarte. En YouTube encontrarás vídeos que explican los saludos al sol básicos para principiantes.

¡Baila! Bailar es una forma genial de mover el cuerpo que puedes hacer prácticamente en cualquier sitio, sola o en grupo. Puedes poner tu canción favorita en tu habitación y dar saltitos. O quedar con tu mejor amiga para aprenderos el nuevo baile que está arrasando en Internet.

Cuando hagas ejercicio, no olvides...

Beber mucha agua. Hidratarse es importante cuando sudas y tus músculos se activan.

Estirar antes de empezar. Tener un calambre cuando haces deporte es de lo más molesto: ¡calienta primero!

Hacer caso a tu cuerpo. Si en algún momento sientes que estás haciendo demasiado, para. Si sientes dolor, para. Si estás agotada y sin aliento, pero piensas que «deberías» seguir hasta alcanzar tu objetivo, probablemente también deberías parar. El ejercicio puede ser un reto, pero no debe sentirse como un castigo.

¡Hora de hacer ejercicio!
¿Qué haces?

1. ¡El día está precioso! ¿Cómo aprovechas el sol?

   A. Me voy de paseo por el campo con mi perro.
   B. Me marcho a la pista de *skate* con mis patines.
   C. Organizo un partido de basquetbol con mi equipo.
   D. Planeo una partida de «Atrapa la bandera» con mis vecinos.

2. ¡Terminaste tu tarea! ¿Cómo liberas energías?

   A. Corro descalza por el jardín: ¡qué bien sienta salir después de estar encerrada!
   B. Doy una pequeña vuelta en bici por el barrio.
   C. Practico ejercicios de voleibol para estar preparada para mi próximo partido.
   D. Subo el volumen de la música y hago una fiesta de baile improvisada.

3. Tienes que llevar algo a la escuela y presentarlo a tus compañeros. ¿Qué eliges?

   A. Mi colección de conchitas.
   B. Mis patines nuevos.
   C. Un álbum de recortes con fotos de mis amigos.
   D. Un souvenir que compré en mi último viaje en familia.

4. Si pudieras aprender una actividad física nueva, ¿cuál sería?

   A. ¡Escalada! Me encantaría escalar montañas algún día.
   B. Bicicleta de montaña, para recorrer senderos sinuosos.
   C. Tenis. Quiero jugar tan bien como las profesionales.
   D. Un mortal. ¡Eso sí que es increíble!

5. ¡Hora de cenar! Estás ayudando a preparar la receta: ¿qué es lo que más te gusta hacer en la cocina?

A. ¡Probar la comida!
B. Usar el robot de cocina.
C. Disfrutar del resultado con mis amigos y familiares.
D. Remover los ingredientes, amasar o cascar huevos.

6. Estás en un parque natural en el que se pueden hacer muchas actividades. ¿Qué es lo primero que quieres hacer?

A. Buscar arándanos en los arbustos.
B. Esquí acuático en el lago.
C. Jugar al softbol con mis amigos.
D. La tirolesa, ¡de una!

7. ¿Qué es más probable que forme parte de tu rutina nocturna?

A. Un paseo al aire libre despúes de cenar.
B. Ver a mi deportista favorita en la televisión o en YouTube.
C. Asegurarme de que mi ropa de deporte esté limpia para el día siguiente.
D. Leer, colorear o escuchar música. ¡Voy cambiando!

Respuestas

MAYORÍA DE «A»: PARTE DE LA NATURALEZA

Para ti, hacer ejercicio es sinónimo de estar al aire libre. Busca una reserva o parque natural cerca de tu casa y explóralo con tus amigos y familia. Disfrutarás del movimiento y el aire fresco en la cara.

MAYORÍA DE «B»: VELOCIDAD SOBRE RUEDAS

Para ti, el ejercicio debe ser rápido y emocionante. Te encanta subirte a la bici y dar vueltas por tu barrio a toda velocidad. Para tu próximo cumpleaños, ¡ve a una pista de patinaje! Lo pasarás en grande patinando con tus amigos.

MAYORÍA DE «C»: ¡VAMOS, EQUIPO!

Tus fines de semana están repletos de entrenamientos y partidos, y te encanta sentir que formas parte de un equipo. La próxima vez que tengas una tarde libre, ¡organiza un torneo de bádminton en el jardín!

MAYORÍA DE «D»: ¡REINA DE LA VERSATILIDAD!

Te encanta moverte, pero no hay un ejercicio en particular que hagas siempre. Eso está muy bien: ¡ir cambiando hace que nunca te aburras! ¿Has probado a hacer zumba? Te encantará el ritmo rápido y la espontaneidad de este entrenamiento al ritmo de la música.

CÓMO ALIMENTAR TU CUERPO

Se habla mucho de la «comida sana», pero no todo el mundo (ni siquiera los médicos) están de acuerdo en qué es exactamente. La conclusión es que hay alimentos, como los dulces o los aperitivos, que contienen mucho aceite, grasa, azúcar o sal. Están repletos de calorías vacías que no nutren realmente el cuerpo. Otros tienen lo que los científicos llaman «valor nutricional»: muchas vitaminas y minerales, cereales integrales y proteínas. Pero eso no significa necesariamente que *nunca* debas ingerir calorías vacías o que *solo* debas tomar alimentos muy nutritivos. Estos son algunos consejos para los que sí hay un gran consenso.

Come mucha fruta y verdura. Nunca es demasiado. Las frutas y verduras contienen vitaminas necesarias para crecer y fibra, que ayuda a tu sistema digestivo a ser más regular, es decir, a ir al baño todos o casi todos los días.

La variedad y la moderación son la clave. Puedes comer prácticamente de todo, siempre que no sea lo *único* que comas. Y, como norma general, debes comer más cosas nutritivas que otras que no lo son. Por ejemplo, tomar un puñado de frambuesas está muy bien, pero un puñado de galletas probablemente no sea la mejor opción; tómate solo una o dos. Una dieta equilibrada aporta todos los nutrientes que necesitas, pero también te permite disfrutar de una gran variedad de alimentos. Una regla sencilla es que los platos que comas estén siempre repletos de color.

Alimenta a tu cuerpo a lo largo del día.

Desayunar bien antes de ir a la escuela te ayudará a mantenerte alerta en clase. Un almuerzo nutritivo, a evitar un bajón a mitad de tarde. Y una cena sana te preparará para una noche de sueño reparador. También está bien si tomas un par de tentempiés al día. Estás creciendo muy rápido, ¡necesitas repostar!

Escucha a tu cuerpo cuando te dice «tengo hambre» y «estoy lleno».

No hay reglas sobre cuánto comer; lo mejor es que te dejes llevar por las señales de tu estómago. Eso sí: tu cerebro tarda unos 20 minutos en registrar la cantidad de comida que alberga. Así que, en la medida de lo posible, come sin prisas.

Presta atención a qué alimentos te sientan bien.

¿Qué comidas te dan más energía? ¿Qué hace que te sientas lenta y cansada? ¿Te duele la barriga después de comer ciertos alimentos? Detectar cómo reaccionas a los alimentos es clave para mantener sano tu cuerpo.

Cuando la comida y el ejercicio se convierten en obsesión

Ser consciente de tu salud y de tu cuerpo suele ser algo positivo. Pero hay personas que prestan *demasiada* atención a la dieta y su forma física, hasta el punto de que empieza a afectar a su salud física y mental. En este momento de tu vida necesitas muchos alimentos sanos para crecer, pero también puede que empieces a ser más consciente de tu apariencia en comparación con la de los demás. Si a esto le sumamos la cultura obsesionada con perder peso y tener un aspecto «perfecto» en la que vivimos, nuestra relación con la comida y el ejercicio puede causarnos quebraderos de cabeza. Es una pena, porque son cosas que nos podrían hacer muy felices.

No lo olvides: las dietas que prometen resultados mágicos y pérdida de peso instantánea tienen muy pocas probabilidades de funcionar. Y no suelen ser saludables. Al final, son una pérdida de tiempo. ¿Para qué contar calorías cuando podrías estar leyendo, dando un paseo en bici o pasando el rato con tus amigos?

Tu cuerpo y tu cerebro necesitan todos los nutrientes posibles. Así que, en lugar de preocuparte por cada bocado, cuida de tu cuerpo lo mejor que puedas y acepta sus pequeñas imperfecciones. Puede que partes de tu cuerpo que ahora no te gustan se conviertan en tus favoritas en unos años, ¡ya verás!

Trastornos alimentarios y cómo detectarlos

Aunque te repitamos una y otra vez que no te obsesiones con el peso, sabemos que es más fácil decirlo que hacerlo. A veces, la preocupación por la comida y el ejercicio se convierten en trastornos alimentarios en toda regla. Afecciones como la **anorexia** (que implica restricciones en la ingesta de alimentos por miedo a engordar) o la **bulimia** (cuando alguien se da atracones de comida y vomita a continuación) pueden tener efectos negativos en el corazón, los huesos, los dientes y el aparato digestivo, entre otros.

La buena noticia es que los trastornos alimentarios se pueden tratar. Pero solo si se detectan. Y es que no todas las personas que padecen un trastorno alimentario están muy delgadas o tienen comportamientos que las delaten.

Aquí tienes una lista de comportamientos que te pueden ayudar a detectar un trastorno alimentario.

Comportamientos que vigilar:

* La persona se salta comidas.

* Preocupación excesiva por la comida, las calorías, las porciones y el ejercicio.

* Gran pérdida de peso en poco tiempo.

* Comentarios constantes sobre el aspecto físico («estoy gorda/gordo»).

* Excusas para no comer.

* Come en privado o actúa de forma reservada en lo que respecta a la comida.

* Exceso de ejercicio físico.

* Visitas al baño durante o después de las comidas.

* Rituales asociados con la comida como cortar los alimentos en trozos muy pequeños.

Si percibiste alguno de estos comportamientos, puede ser un signo de trastorno alimentario. Hablar con una persona de la que sospechas que tiene un trastorno alimentario puede ser muy, muy difícil. A menudo, mantenerlo en secreto es muy importante para ellos, y quizás nieguen que algo vaya mal. Lo mejor que puedes hacer es no juzgarles, decirles que estás preocupada por ellos y que te importan. Pero si crees que su salud podría estar en grave peligro, no te sientas mal por contárselo a los adultos en la vida de tu amigo o amiga. Los trastornos alimentarios pueden pasar desapercibidos, y mucha gente los ignora o les quita importancia. Por eso, a veces los adultos necesitan que los advierta alguien que conoce muy bien a sus hijos.

¿Y qué sucede si eres tú quien puede padecer un trastorno alimentario o tiene hábitos poco saludables? Sabemos que esto puede ser lo más difícil, pero intenta ser sincera con las personas que te rodean, y hazlo lo antes posible. Para empezar, menciona cómo te sientes a uno de tus padres, a un orientador escolar o incluso a un amigo o amiga. Es importante que lo comuniques enseguida, aunque no te parezca que tu problema esté fuera de control. Tratarlo será mucho más fácil si se detecta a tiempo. Hay médicos y terapeutas especializados en este tipo de trastornos, así como grupos de apoyo en los que personas con los mismos problemas se reúnen para hablar. ¡No estás sola!

La importancia de dormir

A medida que tu cuerpo madura y se transforma en el de una adulta, una de las mejores cosas que puedes hacer es dormir lo suficiente. Es probable que sepas que el sueño restablece tus niveles de energía, pero descansar lo suficiente también tiene otros beneficios para tu salud. Dormir prepara al cerebro para aprender. Por eso te deberías acostar temprano la noche anterior a un examen importante. Se ha demostrado que dormir bien mejora el estado de ánimo. También te permite pensar con claridad y evita que enfermes. Aquí tienes algunos consejos para dormir bien:

Ten una rutina. Acuéstate siempre a la misma hora. Así tu cerebro y tu cuerpo sabrán cuándo es el momento de entrar en el mundo de los sueños. Cepíllate los dientes, lávate la cara y haz algún estiramiento suave para irte relajando.

Evita los dispositivos con pantallas antes de acostarte. Está demostrado que la luz azul de las pantallas te mantiene despierto incluso después de haberlos apagado. Cuando queden un par de horas para irte a la cama, guarda los dispositivos y saca el libro que estés leyendo, un cuaderno de dibujo o tu diario para terminar el día haciendo algo relajante.

Crea un espacio cómodo y acogedor. Cada noche, ponte un pijama suavecito (los de algodón transpirable suelen ser los mejores) y abraza tu almohada favorita. Intenta acordarte de las sensaciones de tu cuerpo a lo largo de la noche y actúa en consecuencia. Si te quitas las mantas porque tienes demasiado calor, enciende el ventilador antes de acostarte. Si te despiertas con los pies helados, ponte unos calcetines para mantenerlos calentitos.

Escribe un diario de sueños. Este método hace que dormir sea un poco más divertido. A veces tenemos sueños un poco locos, y puede ser interesante recordar todas las imágenes extravagantes que se le ocurrieron a tu mente mientras dormías. El truco está en anotar lo que recuerdes tan pronto como te despiertes, ya que los sueños tienden a esfumarse rápidamente. Ten tu diario cerca de la cama y empieza a escribir a primera hora de la mañana.

Solo tienes un cuerpo. ¡Cuídalo!

Hay una palabra que se ha puesto de moda últimamente: autocuidado. Esto implica convertirte en la mayor protectora de tu cuerpo y de tu mente, y asegurarte de que les proporcionas la comida, sueño, ejercicio y tranquilidad que necesitan. Por supuesto, es más fácil decirlo que hacerlo. Algunos días estarás demasiado ocupada como para salir a correr. Y, a veces, si estás estresada, te apetecerá más algo de comida chatarra que una comida nutritiva con muchas vitaminas y minerales. Pero practicar el autocuidado significa que te esfuerzas por darte cuenta de qué hace que te sientas bien y qué no.

Si el «autocuidado» te parece una cosa más por la que preocuparte y esforzarte, recuerda esto: mantener tu cuerpo sano y feliz *sienta bien*. Estar en buena forma no significa tener un físico perfecto ni compararte con tus compañeras de clase o las actrices que ves en la tele. Tampoco permitirte comer únicamente alimentos ricos en nutrientes (¿Recuerdas lo que dijimos del perfeccionismo? ¡No vale la pena!). Para cuidar de ti misma, debes entender cómo te sientes en un día determinado. A veces, negarte ciertas cosas también cuenta como autocuidado.

En otras palabras, si tienes el hábito de cuidar de ti misma y de tus necesidades, lo tienes casi todo hecho. Y, por cierto, darte un capricho dulce o salado también es autocuidado. Es tu derecho (¡tu deber!) dar alegría a tu cuerpo, no solo disciplinarlo.

PREGUNTA A LAS EXPERTAS

Los cambios corporales suscitan muchas preguntas. Quizás quieras saber más sobre temas como la menstruación, las hormonas y el desarrollo. No te preocupes, ¡tenemos las respuestas! Enviamos preguntas de nuestras lectoras a la ginecóloga Nicole Sparks.

¿Cuándo me vendrá la regla exactamente?
—Olivia R., 11, Nueva York (EE. UU.)

La menstruación suele comenzar unos dos o tres años después de que se empiecen a desarrollar los pechos. Esto puede ocurrir en torno a los 12 o 13 años. Pero no te preocupes si te viene antes o después. Algunas personas empiezan a menstruar a los 9 años; en otros casos, no es hasta los 15. A los 15 años, la mayoría de las personas menstruantes (aproximadamente el 98 %) habrán tenido su primera regla. Si tienes 15 años y todavía no tuviste tu primera menstruación, pide a uno de tus padres que te cite con un profesional sanitario.

Sí, es normal que tengas muchas emociones y no sepas por qué. Antes y durante la menstruación, el organismo experimenta muchos cambios hormonales. Tu cuerpo y tu cerebro se están desarrollando, por lo que tus emociones pueden estar algo desajustadas. Puede que llores un minuto y, al siguiente, se te escape una carcajada. También habrá días en los que estés más sensible o llores más de lo que acostumbras. Exponerte al sol y dormir mucho quizás te ayude. Aprende algunos ejercicios de respiración para relajar tu cuerpo cuando las emociones se adueñan de ti. Y si tienes ganas de llorar, ¡llora! Sacarlo todo ayuda. En esta época, es normal pasar por una amplia gama de emociones.

¿La regla duele?
—Aliyah H., 10, Virginia, (EE. UU.)

Sentir algo de dolor justo antes de la regla o durante el ciclo menstrual es habitual. Más de la mitad de las personas menstruantes reportan dolor durante uno o dos días. Este dolor se puede sentir como un fuerte calambre en la espalda o en el bajo vientre. A veces, también puede que tengas náuseas y diarrea. La razón de este dolor es que el útero se contrae y libera una sustancia química llamada prostaglandina.

Si lo necesitas, puedes tomar analgésicos como el ibuprofeno uno o dos días antes de la fecha prevista de inicio de la menstruación. Hacer ejercicio de forma regular, los baños calientes y las bolsas calientes también te ayudarán a aliviar las molestias. Si el dolor menstrual interfiere en tu día a día o te impide ir a clase, pide ayuda a un ginecólogo u otro profesional sanitario para asegurarte de que todo va bien.

> Soy la única de mis amigas que lleva brasier. ¿Es normal? Me da vergüenza.
> —Isla G., 9, Rhode Island, (EE. UU.)

Sentirte diferente a tus amigas puede ser duro. Pero hay muchas, muchas chicas cuyos pechos se empiezan a desarrollar a tu edad. El primer signo de la pubertad es el desarrollo del tejido mamario, algo que suele suceder entre los 8 y los 13 años. El abanico es muy amplio, pero es que ¡cada persona es diferente! Si a tu madre se le desarrolló el pecho antes que a sus amigas, quizás a ti te ocurra lo mismo. Pero recuerda que cada persona crece a su propio ritmo. Así que tanto si llevas brasier antes o después que tus amigas, ¡no pasa nada!

Dra. Nicole Sparks, ginecóloga

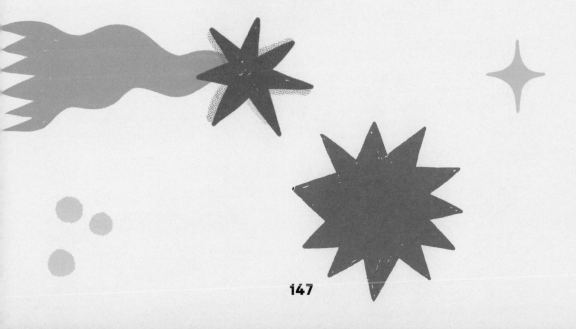

CAPÍTULO 3

Soy una parte importante de mi familia

Formar parte de una familia es toda una experiencia.

Un momento estamos discutiendo por quién se acabó la leche y, al siguiente, nos reímos como locos de los chistes de los demás. Puedo estar enojada con mi madre, agradecida por mi padre, molesta con mi hermano y envidiosa de mi hermana. ¡Y todo en la misma hora! Nos ponemos de los nervios, pero confiamos los unos en los otros. La familia puede ser, al mismo tiempo, pequeña y grande, reconfortante y estresante. Mi familia no siempre está de acuerdo conmigo. Pero me apoyan y me quieren incondicionalmente.

UN ASUNTO DE FAMILIA

Puede que los cambios que estás experimentando te asusten. Pero ¿sabes qué puede ayudarte a poner los pies en la tierra y sentirte segura en esta época de locos? Tu familia.

En el mejor de los casos, una unidad familiar es un lugar de aceptación y amor incondicionales. Es un lugar al que puedes acudir en busca de consuelo, ayuda o una sonrisa cuando no tuviste un buen día en la escuela. Estas personas estarán ahí para ti, y tú para ellos. Ni siquiera las familias más funcionales son felices todo el tiempo, y casi nunca tienen el mismo aspecto que en la televisión o en los libros de cuentos. Pero cuando estás con tu familia, sentirás que estás en tu sitio. Y estar en familia puede sentirse como tomar una enorme y saludable bocanada de aire fresco.

Conocer
(de verdad) a los adultos

Cuando eras más pequeña, quizás pensabas que el mundo giraba en torno a ti. Tus padres existían para cuidarte y estabas segura de que tus profesores vivían en la escuela. Pero hacerse mayor también consiste en darte cuenta de que tus padres (o abuelos, padrastros o cualquier otra persona que te cuide) son seres humanos fascinantes y llenos de defectos, con vidas propias y complicadas.

Dependiendo de tu tipo de familia, puede que hayas compartido con ellos todo tipo de celebraciones anuales, tradiciones y aventuras. Los más pequeños suelen poner los ojos en blanco ante estos acontecimientos, quejándose: «¡Me aburro-o!» Pero quizás ahora te des cuenta de lo valiosas que son estas reuniones y, de paso, conozcas en mayor profundidad a los miembros de tu familia. Cada vez eres más inteligente, más fuerte y más grande. Tienes mucho que decir y muchas experiencias nuevas. Lo creas o no, es probable que los adultos de tu vida se hagan una idea de lo que estás viviendo y tengan algún consejo que darte.

La próxima vez que estés con tu familia, hazles preguntas. Pídele a tu abuela que te cuente historias de tu madre o tu padre cuando eran niños. Pregúntale a tu tía cómo empezó su carrera de escritora. Desahógate con tu hermano mayor sobre el partido de futbol que perdiste. Pídele la receta de la lasaña a tu primo. Enseña un nuevo juego a los más pequeños. Estas reuniones son una oportunidad fantástica para estrechar los lazos familiares. Y en un momento en el que tu confianza y resiliencia pueden verse puestas a prueba, escuchar historias de esa misma época de personas a las que quieres puede ser de ayuda.

Entrevistas familiares

A veces no es tan sencillo hacer un montón de preguntas a un familiar al que no conoces del todo bien. ¡Empieza por lo básico!

Preguntas y respuestas: edición familiar

* ¿Dónde creciste? ¿Qué fue lo mejor? ¿Y lo peor?

* ¿Qué es lo más interesante que te haya pasado?

* ¿Qué es lo que más recuerdas de cuando tenías mi edad?

* ¿Cuál era tu materia favorita en la escuela?

* ¿Cuál es el mejor consejo que recibiste?

* ¿Cuándo supiste que querías ser [inserta aquí un detalle de su vida: padre/madre, profesor/a, nadador/a, etc.]?

Fern veía a su bisabuela Pearl en acontecimientos familiares como la Pascua judía o el Día de Acción de Gracias. Pero siempre fue un misterio para ella. Solo sabía que nació en Alemania y llegó a Estados Unidos cuando era joven. Fern nunca le había preguntado al respecto. Pearl siempre parecía un poco irritable y, bueno... vieja.

En sexto año, Fern estudió la Segunda Guerra Mundial y eso despertó su curiosidad por Pearl. ¿No estaba Pearl en Alemania justo cuando los nazis empezaron a invadir Europa? Fern le preguntó a su madre si podían ir a visitar a Pearl a la residencia donde vivía para hacerle algunas preguntas. Su madre aceptó. Pearl ya tenía 93 años y la memoria le empezaba a fallar. Pero cuando Fern le preguntó por su infancia, sus recuerdos brotaron como el agua. Era solo una niña cuando los nazis llegaron al poder, le contó a Fern. La obligaron a llevar una estrella de David prendida en la ropa. También recordaba a su padre llegando a casa aterrorizado una noche de noviembre de 1938, después de que unos militares destrozaran el escaparate de su zapatería y saquearan el local (Fern había estudiado este acontecimiento en la escuela: era la «noche de los cristales rotos»). Después de eso, el tatarabuelo de Fern supo que su familia debía huir a Estados Unidos. La historia dejó a Fern sin palabras. Estaba muy contenta de haber ido a visitar a su bisabuela. Este tiempo con Pearl no solo hizo que lo que contaba su libro de Historia se sintiera más real, sino que también la unió más que nunca a su bisabuela.

Cena en familia

Algunas familias tienen por costumbre cenar juntos, momento en el que los hijos son sometidos a preguntas sobre su día. Algunos se cruzan de brazos y se resisten a contestar. Las conversaciones son así: «¿Qué tal las clases hoy?» «Bien». Después, silencio. En otras familias, uno de los hijos hablará a mil por hora de su clase de matemáticas y del entrenamiento de futbol y del chiste que le contó su mejor amigo en la comida que hizo que todos se partieran de risa. En estos casos, el resto de hermanos lo tienen difícil para compartir sus historias.

Aquí tienes una sugerencia: aprovecha las cenas en familia para conectar con ellos. Cuando te pregunten qué tal te fue en la escuela, cuéntales algo gracioso o raro que te haya pasado. Otra opción es establecer un ritual para todos. Podría consistir, por ejemplo, en que cada persona diga una cosa por la que se siente agradecido ese día. Así, todos comparten algo. No hace falta que cuentes tus secretos en la mesa del comedor, pero está bien que pienses en ese momento como una forma de estrechar el vínculo con tu familia.

Tradiciones familiares

Seguro que conoces las grandes reuniones familiares en las que todos los miembros se juntan para comer. Pero no son la única forma de celebrar a la familia. Y es que las tradiciones familiares adoptan formas muy diversas. Pueden ser religiosas, como asistir a un *bar o bat mitzvah* judíos, o al bautizo de un bebé cristiano. Pueden estar basadas en el amor por un lugar, como la semana de agosto que pasas con toda tu familia entre las dunas del lago Michigan. Pueden ser pequeñas formas cotidianas de forjar vínculos, como tener un apretón de manos secreto, hacer *brownies* cada viernes o construir fuertes de almohadas las mañanas del domingo. Los rituales y las tradiciones son una forma en la que una familia se demuestra cuánto se conocen y se quieren. Y se convierten en algo seguro en un mundo en constante cambio.

¿Y qué pasa si todo esto suena estupendo, pero no es algo que hagas con tu familia? ¡Nunca es tarde para

VOCES REBELDES

«Cada Día de Muertos, mi familia y yo hacemos un altar y vamos al tianguis de la ciudad, donde venden adornos y dulces tradicionales».
—Mayte L., 12, Guadalajara (México)

crear una tradición! ¿Cuándo fue la última vez que te sentiste realmente unida a tu familia? Quizás aquel sábado lluvioso en el que sacaron los juegos de mesa y escucharon música. ¿Por qué no sugieres hacer lo mismo otro día? A veces, lo único necesario para iniciar una tradición es que alguien diga: «¡Qué divertido! Tenemos que repetirlo». Si tu familia está siempre muy ocupada, encontrar un momento en el que estar juntos puede ser difícil. En ese caso, toma por costumbre dejar una nota a tu familiar en la bolsa que se lleva al trabajo o en el espejo del cuarto de baño. Aunque pasar el día juntos no sea posible, sabrán que piensas en ellos.

HAY MUCHOS TIPOS DE FAMILIAS

Algunos niños crecen con una madre y un padre. A otros los cría un solo progenitor, y los padres de muchos otros están divorciados. También hay casos en los que quienes cuidan de los niños no son sus padres biológicos, sino sus abuelos o tíos, y quienes viven con padres adoptivos o en casas de acogida. ¡Incluso hay niños con dos mamás o dos papás! En resumen: lo importante de las familias no siempre es la sangre, sino el amor y el cuidado mutuos. Y, si tienes suerte, en tu vida habrá varios adultos en los que puedes confiar, sean o no tus padres biológicos.

A veces, ciertos sucesos cambian la estructura de una familia. Quizás el más común sea el divorcio, que puede ser doloroso. La separación de los padres causa confusión, y se siente injusta. Muchos niños piensan: *¿Será mi culpa?* No es así: nunca, JAMÁS, es culpa de un niño o una niña que sus padres decidan dejar de vivir juntos (¿recuerdas lo que te contamos de que los adultos son complicados e imperfectos?).

VOCES REBELDES

«Crecí en un hogar monoparental, a menudo con dificultades económicas, y mi madre nos transmitió su fuerza a mí y a mis hermanos. Nos hizo querer seguir intentándolo y salir adelante».
—Misty Copeland, bailarina

Tras este tipo de cambios hay un periodo de adaptación, pero pueden ser el comienzo de algo bueno. Un hogar con padres que discuten todo el tiempo se puede convertir en dos hogares mucho más calmados. Después de su divorcio, los padres pueden empezar una relación con otras personas, que quizás también tengan hijos. ¡Incluso puede que decidan tener hijos juntos! Lo que parecía que solo conllevaría pérdidas, termina por traer más amor a nuestra vida.

La imagen de los padrastros e hijastros en los libros y en la televisión no suele ser positiva. Todos recordamos a esas «madrastras malvadas» de los cuentos. Pero esta mala fama no está justificada. Si lo piensas, los cuentos también hablan de personas que trepan por el cabello de otra persona, y de otras que llevan zapatos de cristal. ¡Y nadie piensa que sea realista! Lo cierto es que puedes forjar relaciones estrechas y especiales con nuevos miembros de la familia que resultan beneficiosas para todos. Establecer un vínculo con tu madrastra no significa que hayas sustituido a tu madre biológica, solo que ahora tienes a dos adultas con puntos fuertes diferentes y más sabiduría que compartir.

Imagina...

Cristina nunca olvidará la noche en que sintió que su familia se desmoronaba. Sus padres le dijeron que se separaban. Fue toda una sorpresa. Los había oído discutir en voz baja por la noche, ¡pero no pensaba que fuera tan grave! Y todo fue a peor cuando, un año después, su madre le anunció que tenía novio: Greg. Cristina no quería un padre nuevo. Echaba de menos al suyo.

Al principio, Cristina lo evitaba, le respondía con monosílabos y se refugiaba en su habitación cuando Greg estaba en casa. Pero fue conociéndole poco a poco. Un día, llegó a casa de mal humor. Había sacado mala calificación en un examen de matemáticas por unos errores tontos. Cuando Greg llegó del trabajo, vio a Cristina en la mesa de la cocina, enfurruñada con un plato de cereal. Greg se acercó con cautela y le preguntó qué le pasaba. Cristina también se mostró cohibida. Pero le habló de su decepción por el examen. Greg le dijo de jugar al basquetbol y, mientras, le habló de cuando reprobó una materia en la universidad. Estaba destrozado, pero se recuperó, se puso a estudiar y aprobó un semestre más tarde. Le ofreció ayudarla estudiar al día siguiente. Cristina acabó pasándolo genial. Siempre le habían gustado las matemáticas, pero Greg hizo que fueran aún más divertidas: ¡resulta que ella y Greg tenían cosas en común!

Pasó el tiempo. Greg se fue a vivir con ellas. Cristina seguía viendo a su padre cada dos fines de semana, pero ahora había una persona nueva, divertida y cariñosa en su vida. Y la cosa no acabó ahí. Un par de años más tarde, Greg y la madre de Cristina tuvieron un bebé. Cristina amó a su hermanita desde el primer momento, y por fin se dio cuenta de su familia no se había roto. Se había hecho más grande.

DESACUERDOS EN CASA

Las familias se quieren, pero no siempre se llevan bien *todo* el tiempo. Sobre todo si vives con ellos, está prácticamente garantizado que en algún momento tendrás un encontronazo con uno de tus familiares. Las razones pueden ser algo tan insignificante como una pelea porque el otro está acaparando el baño o tan serio como sentir que tus padres quieren más a tu hermano que a ti (¡créenos, no es así! Hay amor más que de sobra para todos). Aunque estos desacuerdos sean inevitables, puedes mantener la cabeza fría para que las cosas no se descontrolen.

Enojarse con los adultos

A tu edad, tu cerebro está prácticamente diseñado para poner a prueba los límites: ¿de qué otra forma vas a aprender y madurar? Por desgracia, esto puede provocar tensiones con los adultos encargados de protegerte. Lo más probable es que *quieran* que pruebes cosas nuevas y acabes convirtiéndote en un adulto responsable. Pero dar tanta independencia a su pequeña (o sea, a ti), les resulta difícil. Su preocupación por ti puede sacar el lado más estricto de algunos padres.

Y tú, que estás aprendiendo a ser tú misma, ¡empezarás a contraatacar!

Estás en una etapa intermedia: dependes mucho de los adultos y necesitas su permiso para casi todo. Al mismo tiempo, a tu edad los adultos te empiezan a tomar más en serio, sobre todo si les demuestras lo madura que puedes ser. Pero seamos sinceros: no siempre es fácil. A veces, las normas que te impongan harán que te frustres y molestes, tanto que te pondrás a gritar y a dar portazos (o te entrarán muchas, muchas ganas de hacerlo). Es normal y nos pasa a todos. Pero ceder a esos instintos con demasiada frecuencia no te hará ningún favor a la larga, sobre todo si quieres convencer a tus padres de que ya eres mayorcita y puedes tomar tus propias decisiones (vuelve al primer capítulo para ver nuestros consejos para controlar la ira).

Lo malo es que, en última instancia, tienes que respetar las normas de tus padres. Aunque expongas tus argumentos sobre lo que quieres hacer con calma y serenidad, tus padres pueden negarse. Acepta su decisión con elegancia, sin gritos ni quejas, aunque creas que están siendo injustos. Y si actuaste de forma cuestionable, discúlpate. En serio. Si sigues sintiéndote mal, desahógate en tu diario o con tu mejor amiga, que probablemente tendrá historias similares. Y recuerda: llegará el momento en que podrás poner tus propias reglas, pero por ahora te toca confiar en que los adultos de tu vida velan por tus intereses.

Cómo pedir algo a tus padres

Puede que en tu casa haya normas muy claras. Nada de correr en casa. No pises la alfombra con los zapatos de la calle. Lávate las manos antes de la cena. No uses el lanzallamas dentro de casa. Cada casa tiene sus propias normas. Pero incluso los padres más estrictos pueden ceder en ocasiones. Si hay algo que deseas *de verdad*, como ir de compras aunque acabes de estrenar la ropa que te regalaron por tu cumpleaños o ir a una pijamada entre semana, quizás puedas negociar con tus padres si les muestras tu lado más maduro. ¡Dos pájaros de un tiro!

Ve poco a poco y asegúrate de que lo que pides es realista. Si les pides que te dejen quedarte a dormir en casa de una amiga nueva y tus padres no conocen a los suyos, es probable que te digan que no. Pero si ya conocen y quieren a esa amiga, estarán más dispuestos.

Habla del tema con antelación, antes de comprometerte a hacer nada fuera de lo normal: no lo saques durante una discusión, ni lo confieses cuando ya estés en casa de tu amiga. Busca un momento en el que haya tiempo para hablar, en el que ninguno se tenga que marchar corriendo. Mejor hacerlo después de la cena, y no de camino a la escuela o al trabajo.

Utiliza una pregunta abierta. Así demuestras a tus padres que valoras su opinión y sus razones. En lugar de «Por favooor, ¿puedo quedarme a dormir en casa de Sarah?», prueba algo como esto: «Sarah organiza una pijamada por su cumpleaños el martes. Sé que no es lo habitual, pero ¿puedo ir? ¿solo esta vez?».

Prepara tus argumentos. Intenta anticiparte a las preguntas que te puedan hacer tus padres. En el caso de la pijamada, querrán saber si al día siguiente tienes algún examen para el que debas estar descansada. Puede que quieran confirmar el plan con la madre de Sarah. Dales todos los detalles y ¡di la verdad!

Muéstrate dispuesta a ceder. Si realmente no les parece una buena idea, tienes que acatar su decisión. Pero *puedes* preguntarles si están abiertos a un punto intermedio. En este caso, tal vez te puedan llevar a casa de Sarah para ver una película y comer el pastel de cumpleaños y, después, ir a buscarte antes de que los demás se acuesten para dormir en casa. A veces, ¡nos podemos encontrar a mitad del camino! Otras no conseguirás lo que quieres. Como dijimos, debes respetar las normas de tus padres aunque no siempre las entiendas.

Problemas fraternos

Las dinámicas de una familia cambian con la llegada de un nuevo hijo o hija. Y es que la atención de los padres se divide entre los niños. Muchos hermanos tienen una muy buena relación, pero otros se pelean... ¡y mucho! Y, a veces, suceden ambas cosas: dos hermanas que se quieren a muerte también pueden discutir de forma constante.

La mayoría de hermanos experimentan algún tipo de celos o competencia entre sí. ¡Es algo natural! La atención y el tiempo de los adultos no son infinitos. Además, el mundo exterior suele comparar a los hermanos, haciendo aún más difícil no sentir cierta rivalidad. Es imposible evitar estos conflictos: ocurrirán, probablemente una y otra vez. A veces, los hermanos y hermanas son malos unos con otros. Pero hay algo que *puede* ayudar: la **empatía**. Después de haber discutido con ellos intenta, siempre que sea posible, ponerte en su lugar. Son una persona a la que aprecias profundamente y a la que probablemente conoces a la perfección. ¿Cómo puedes hacer que se sientan seguros y queridos?

Imagina...

La temporada pasada, el equipo de fútbol de Tamra estaba arrasando: ¡hasta se clasificaron para el campeonato estatal! Tamra se sentía muy bien consigo misma. De hecho, no recordaba si alguna vez se había sentido tan segura y con tanta energía. Pero un día, durante un partido importante con un colegio rival, vio algo por el rabillo del ojo que la hizo detenerse en medio de la emoción. Su hermana pequeña, Evie, intentaba mostrarle a su madre un dibujo que había hecho en la escuela, buscando llamar su atención. Pero su madre no le hacía caso mientras animaba a Tamra. A Tamra se le encogió el corazón. Se dio cuenta de por qué Evie se estaba portando mal, haciendo berrinches y escondiendo las cosas de futbol de Tamra. Hacía poco, Evie había escondido las botas de Tamra en el cesto de la ropa sucia, y Tamra llegó tarde a entrenar.

En ese momento, Tamra empezó a darse cuenta de que había sido el centro de atención, y su hermana se sentía excluida. Sabía que algún día sería su turno, pero hasta entonces podía ayudar a que Evie también se sintiera importante.

Al día siguiente, le propuso a Evie enseñarle a andar en bici sin rueditas. Se despertaron temprano y Evie se cayó sobre el pasto una que otra vez. Pero comenzó a tener más confianza. Empezó aguantando cinco segundos sobre la bici, que luego se convirtieron en cinco más. Cuando por fin logró recorrer la manzana, los vecinos le aplaudieron y Tamra se dio cuenta de que Evie se sentía mucho mejor.

¿Cuál debería ser tu próximo plan en familia?

1. Estás planeando unas vacaciones en la playa con tu familia. ¿Qué no puede faltar en tu maleta?

   A. Una cámara de fotos desechable: me encanta imprimir fotos y hacer *collages*.
   B. Mi visor de esnórquel. ¡A explorar el océano!
   C. Un montón de libros que leer mientras me relajo en la playa.

2. El día está lluvioso. ¿Qué haces en familia?

   A. Probablemente algún tipo de proyecto de manualidades con mi hermana.
   B. Cada uno encuentra un lugar acogedor en el que leer y charlamos sobre nuestras lecturas durante la cena.
   C. Saco los juegos de mesa y reto a los demás a una partida de Monopoly.

3. Esta noche preparas tú la cena para todos. ¿Cuál es tu parte favorita?

   A. Probar una receta nueva.
   B. Hacer que todos participen y me ayuden a cortar, picar y probar.
   C. Sentarnos juntos a comer y disfrutar del resultado.

4. Estás eligiendo una actividad para el verano con tu primo. ¿Cuál es la decisión final?

   A. Clases de tenis: ¡siempre quisimos aprender!
   B. Un campamento al aire libre.
   C. Una clase de arte.

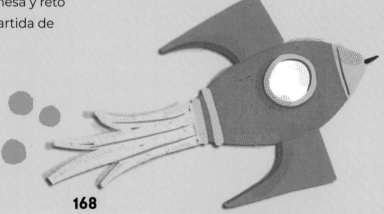

5. Tu familia está organizando una gran reunión. ¿Qué lugar gustará a todos?

A. Una nueva ciudad para explorar.
B. Una cabaña en el bosque.
C. La acogedora casa de la abuela.

6. Vas a comprar regalos para tus padres. ¿A qué tienda vas primero?

A. La librería.
B. Una tienda de artículos de deporte.
C. Paso de las tiendas: les haré algo yo misma.

7. ¿Qué adjetivo describe mejor tus cenas en familia?

A. Interesante: siempre hay alguien con un dato que compartir.
B. Divertidísimas: ¡las historias que cuenta mi padre son las mejores!
C. Tranquilas: nos gusta estar juntos después de un día ajetreado.

Respuestas

MAYORÍA DE «A»: APRENDER JUNTOS

Tu familia está formada por personas curiosas. A todos les encanta aprender cosas nuevas. El próximo plan en familia puede consistir en visitar un museo local, probar un nuevo deporte juntos o cocinar una receta nueva.

MAYORÍA DE «B»: HORA DE AVENTURAS

¡Tu familia rebosa energía! Una buena opción sería hacer una excursión juntos, o probar un juego de escape que ponga a prueba la compenetración y el trabajo en equipo.

MAYORÍA DE «C»: DESCANSO Y RELAJACIÓN

Tu familia prefiere los planes tranquilos y acogedores. Saca los juegos de mesa y los rompecabezas y organiza una noche de juegos en familia.

169

TU LUGAR TRANQUILO

Lo más probable es que el aspecto de tu casa lo decidan tus padres: los cuadros, los muebles, las alfombras, los libros... Pero luego, si tienes suerte, tendrás una habitación (o parte de una habitación) propia. ¿Y sabes qué? Que ese espacio sea lo más tuyo posible puede tener una influencia enorme en tu estado de ánimo. Será un lugar en el que estar completamente relajada. Un lugar que refleja tu personalidad, única y peculiar. ¡Un lugar que hace que te sientas bien!

Quizás pienses: *Pero los muebles y las obras de arte cuestan dinero...* Es cierto. Quizás no te permitan elegir tu propia cama o escritorio. Pero puedes ser creativa sin necesidad de comprar un montón de cosas. Aquí tienes algunas ideas para que tu espacio se convierta en un lugar seguro.

Mueve los muebles (o decóralos). Quizás no compres una cómoda nueva, pero puedes pedir a tus padres que te ayuden a ponerla debajo de la ventana para que el joyero que tienes encima destaque con la luz del sol. O puedes utilizarla para crear un pequeño rincón de tu habitación dedicado a tu pez o lagarto. Te haces una idea: ¡aprovecha lo que tienes! Pide ayuda a un adulto o un hermano mayor para reorganizar tu habitación y crear rincones que te hagan sentir feliz de estar allí. Si detestas el color rojo intenso del baúl de los juguetes, cúbrelo con una tela vaporosa. Decora tu aburrido escritorio con calcomanías o pintura. O invita a una amiga a casa para que te ayude a organizar tus libros por colores.

Decora las paredes. Tendrás que convencer a tus padres, pero modificar las paredes es una forma barata y divertida de dar un nuevo aire a tu habitación. Compra vinilos por Internet (suelen ser baratos) y pégalos como quieras: puedes hacer que crezcan flores o enredaderas, o que pájaros recorran las paredes al vuelo. Con masilla adhesiva, dispón fotos de tus amigos, aquel trabajo en el que sacaste un sobresaliente o pósters de tus deportistas favoritas. Este material mantendrá a salvo tanto las fotos como la pintura de la pared. Además, en las tiendas de segunda mano puedes encontrar obras de arte originales y divertidas por poco dinero. Incluso puedes probar a colocar papel pintado en un rincón: pegarlo bien puede ser difícil, pero te sentirás muy realizada.

Crea tu propio arte. Aunque no te consideres una *artista*, siempre puedes ponerte creativa con tus propias manos. Incluye materiales como pinturas o lienzos en tu lista de regalos, o utiliza material de la escuela durante el almuerzo. También puedes utilizar un tablero de corcho y llenarlo de fotos tuyas y de tus amigos, entradas de cine y de conciertos, ¡incluso flores secas!

Mantén el orden. Tu habitación no tiene por qué estar siempre impecable, pero asegúrate de que sea un lugar que alivie tu estrés por todo lo que tienes que hacer. Crea un espacio limpio y tranquilo en el que hacer la tarea y estudiar. Estarás más tranquila si todo no está lleno de cosas y desordenado. Aunque tengas un calendario en el celular, cuelga uno físico en la pared. Así te será más fácil ver las fechas importantes y sabrás cuánto queda hasta el campamento de verano. Y cuando se trate de hacer la tarea, dale un toque de alegría con fluorescentes, gomas de borrar de formas bonitas y lápices de colores.

Prueba olores nuevos. Un aroma fresco o relajante puede marcar la diferencia, y hay muchas formas de obtenerlos en función de tu estilo y presupuesto. Puedes utilizar sprays corporales o de ropa de cama. También hay difusores baratos que transforman aceites esenciales en un vapor de olor riquísimo. Puedes coser tus propias bolsitas de tela, rellenarlas de flores secas, hierbas u otras fragancias naturales y meterlas junto a tu ropa en los cajones de la cómoda. O algo aún más sencillo: prepárate una taza de té, acércatela a la cara y respira su intenso aroma. ¡Te relajarás al instante!

Esther iba a pasar todo el verano en un campamento. Estaba emocionada, pero también nerviosa. No solo era su primer campamento, sino también la primera vez que estaría fuera de casa sin sus padres. Así que buscó maneras para sentirse cómoda si lo necesitaba.

El olfato es el sentido más vinculado a la memoria, así que metió en la maleta el spray con el que siempre rocía la almohada antes de acostarse. También se llevó tres libros que tiene en la estantería desde hace años. Cuando algo la preocupa, los relee: saber cómo terminan le sirve de consuelo. Y justo antes de irse al campamento, pasó una tarde de sábado con su madre haciendo un álbum con fotos de su familia y amigos, para que pudiera ver a la gente que quiere antes de dormir.

El primer día, Esther preparó su espacio y su cama a su gusto. Lo pasó tan bien en el campamento que, cuando se terminó, ¡incluso extrañaba su litera! Así que hizo lo que tan bien funcionó la primera vez: creó otro álbum, esta vez de su estancia en el campamento y todos sus nuevos amigos.

FORMAS DE AYUDAR

Formar parte de una familia implica ayudar a los mayores a hacer cosas de casa que no son tan divertidas como fregar los platos, limpiar el baño, recoger la mesa del comedor o barrer el patio.

Hasta hace poco, algunas de estas tareas pasaban desapercibidas para ti.

¡Vivías en una casa limpia por arte de magia! Aunque también puede que hagas tareas y encargos desde que eras pequeña. Sea como sea, te contamos un secreto: hacer tareas o ayudar en casa sin que tus padres te lo tengan que pedir (u ordenar) los hará muy felices. Tanto, que quizás te dejan estar despierta hasta tarde o comerte un trocito más de *brownie*.

Empieza por aquí: recoge lo que ensucies

Quizás no tengas una lista de tareas asignadas oficial
en casa. Pero hay algo que todos los hijos pueden
hacer para facilitar la vida a sus padres. Sigue
esta regla: si ensucias algo, límpialo. Por
ejemplo, si te quitas los zapatos, colócalos
junto a la puerta; no los dejes tirados en
medio del suelo. Si utilizas un vaso, déjalo en el
fregadero; a los padres no les hace gracia mirar alrededor y darse cuenta
de que todos los vasos de agua están en las habitaciones de los niños.

¿Y cuando se trata de tu habitación? Es tu propio espacio, así que tienes
un poco de margen. Pero sigues en la casa de tus padres y deberás mantenerla
ordenada. Que tu cuarto esté limpio hará que te sientas más tranquila, y no
nos cansaremos de repetir lo contentos que se pondrán los adultos. También
se lo tomarán como una señal de que cada vez eres más
responsable y autosuficiente.

Divertirse ayudando

No todas las tareas del hogar suponen un gran esfuerzo. Es fácil encontrar cosas que te gusten y que también contribuyen.

Perfecciona una receta y prepárala una vez a la semana. ¡Cocinar puede ser muy creativo y divertido! Tus padres agradecerán tener una noche libre y que tú te encargues de preparar la comida para la familia. Empieza por un plato sencillo y, una vez que domines esa receta, busca otros más elaborados, como una *frittata* o pasta con salsa de tomate.

Cultiva un huerto en el patio (o en el alféizar de la ventana). Una forma de que tu casa esté siempre bella y (literalmente) viva es plantar flores, árboles, verduras o hierbas aromáticas y cuidarlos con cariño. Lo bueno de la jardinería es que es muy física: ¡arrancar las malas hierbas cuenta como ejercicio! Y, por definición, implica ensuciarte las manos, lo que puede incluso resultar liberador. Si tienes jardín, pide a tus padres utilizar un rinconcito para tus experimentos. O si en tu casa ya hay un magnífico huerto, ofrécete voluntaria a cuidarlo. ¿No tienes espacio al aire libre? ¡No pasa nada! Las hierbas aromáticas como la albahaca, la menta y los cebollines crecen de maravilla en macetas y, además, las puedes utilizar en tus recetas semanales.

Lava el coche. En los meses de verano, es la tarea más divertida y refrescante. Si tiene hermanos, pídeles hacerlo juntos. ¡Aprovecha y diviértete con ellos! Salpícalos, refréscalos y juega con la espuma. Otro consejo: mientras trabajas, escucha a tu cantante favorito o un buen pódcast (quizás seamos parciales, pero nos encanta el de Rebel Girls). ¡El tiempo se te pasará volando!

Cómo cuidar de amigos animales

Otra forma estupenda de ayudar en casa es cuidar de la mascota de la familia. Muchos perros necesitan salir de paseo varias veces al día; ofrécete a hacerlo varias veces a la semana después de la escuela, o los fines de semana. Limpiar la caja de arena del gato o a dar de comer a las mascotas también restará una tarea a tus padres. Incluso el mero hecho de jugar o dar cariño a una mascota ayuda.

¿Y qué pasa si quieres una mascota y no la tienes? A algunos padres les encanta la idea de tener un simpático animal en casa; a otros no les hace tanta gracia. A menudo es porque les preocupa acabar ocupándose de los paseos matutinos y los baños. ¡Quítales el miedo! Investiga cómo cuidar de este animal. ¿Cuántas veces al día necesitan comida y paseos? ¿Con qué frecuencia hay que limpiar su jaula o cambiar la caja de arena? ¿Tendrás que enseñarles cosas o necesitan alguna otra consideración especial? Muéstrales un plan detallado de cómo cuidarás de tu nueva mascota, junto con razones por las que sumará alegría a tu vida. Puede que tus padres no logren resistirse. Por supuesto, hay razones bastante inamovibles para no tener una mascota, como que un miembro de la familia sea alérgico o que vivas en un edificio en el que estas no se permitan. En ese caso, por ahora te tendrás que contentar con jugar y cuidar de las mascotas de tus amigos. Así, el día que una mascota te acompañe, tendrás mucha práctica.

CÓMO GESTIONAR TU DINERO

Si tus padres te dan una paga o domingo, ¡no eres la única! Unas tres cuartas partes de los niños y niñas estadounidenses reciben un poco de dinero cada semana. Recibir una paga es una forma estupenda de disfrutar tu independencia, pero también de aprender a administrar tu dinero, mucho antes de tener un trabajo. Puede sonar aburrido, pero piensa en esto: si tomas decisiones inteligentes, no solo tendrás para tus pequeños caprichos, sino que también podrás ahorrar hasta comprar cosas más caras que realmente deseas desde hace tiempo. Y eso se siente muy bien.

Seguro que algún adulto ya te lo habrá dicho: ¡no gastes todo tu dinero! Ir de compras nada más recibir algo de dinero puede ser tentador, pero si ahorras podrás comprar cosas más grandes para las que no alcanza con tu asignación semanal. Decide qué quieres hacer con tu dinero y escribe un plan. Aquí tienes una opción:

Ahorra un 20 %. Si cada semana recibes $20, ahorra $4 para cuando te hagan falta o una compra importante.

Dona un 10 %. ¿Qué causas son importantes para ti? Apóyalas con una donación de cualquier cuantía (puede ser una gran causa, como la lucha contra el cambio climático, o una causa local, como la biblioteca de tu ciudad).

Gasta el 70 %. ¡Date un capricho! Compra un helado, el libro del que todos hablan o esos aretes que te gustan desde hace tiempo.

Formar parte de mi familia es maravilloso y complejo, y me estoy empezando a dar cuenta de que soy una parte importante de ella. Ya no soy una niña pequeña. Puedo ayudar a que los miembros de mi familia se sientan queridos y apoyados, como ellos hacen conmigo. A medida que me hago mayor, me doy cuenta de que para ser familia no es necesario compartir la misma sangre: los vínculos se crean de muchas formas. Mi familia crecerá y cambiará, igual que yo.

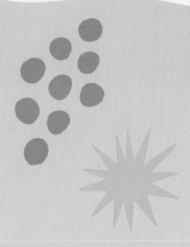

PREGUNTA A LAS EXPERTAS

Damos la bienvenida de nuevo a la psicoterapeuta Alexandra Vaccaro, que tiene grandes consejos sobre cómo gestionar problemas familiares.

¿Cómo puedo lidiar con la ansiedad de vivir entre dos casas?
—Sloane T., 13, Washington (EE. UU.)

Que nuestra vida y rutinas diarias se vean alteradas por cosas fuera de nuestro control puede ser muy estresante y causarnos mucha preocupación. Pasar de vivir en una sola casa a dividir el tiempo entre dos hogares distintos es un gran cambio; es natural que te cause ansiedad. Para reducir esos sentimientos, cuéntales cómo te sientes a los adultos de ambos hogares. Sigue la rutina que mejor te funcione y ten un calendario en cada casa que muestre claramente en qué casa estarás en cada momento. Si es posible, ve de compras con tus padres y compra por partida doble algunas prendas (camisetas y suéteres) que sepas que llevarás a menudo. Así tu ropa favorita estará en ambas casas y no te tendrás que preocupar por meter un montón de cosas en la maleta cuando cambies de hogar. Tener voz en tu nueva rutina te puede ayudar a calmar esos incómodos pensamientos persistentes.

Mi hermano y yo nos peleamos constantemente, y a mis padres no les gusta. ¿Cómo podemos llevarnos mejor?
—Kimberly W., 12, Connecticut (EE. UU.)

A veces, las relaciones entre hermanos son difíciles. Si hay una diferencia de edad considerable o no te interesa lo mismo que a él, coexistir no siempre es sencillo. En un momento de tranquilidad, intenta mantener una conversación con tu hermano sobre cómo tener una mejor relación. Intenta no atacarle con frases como «tú haces esto» y «tú haces lo otro». Céntrate en cómo te hacen sentir determinadas acciones. Le puedes decir, por ejemplo: «Me frustra que cambies lo que estoy viendo en la tele sin preguntar». Después, permítele que te diga cómo se siente. Si la razón de las disputas es siempre la misma, por ejemplo, quién usa la televisión o el iPad, pacta un horario que establezca turnos para cada uno. Para terminar, me gustaría aconsejarte que te centres en cosas que compartes con tu hermano, no en las diferencias. Si una de ellas es, por ejemplo, el futbol, invítale a jugar más a menudo. Y aunque ahora te parezca imposible, puede que tu hermano se convierta en uno de tus mejores amigos a medida que pasen los años.

Alexandra Vaccaro, psicoterapeuta

CAPÍTULO 4

Juntas somos más fuertes

Estamos juntas en esto.

Aunque a veces me siento sola, sé que no lo estoy. En el mundo hay más de mil millones de chicas como yo. Independientemente de dónde o cómo crezcamos, compartimos muchas experiencias, entre las que se incluyen los extraños sentimientos y los alucinantes cambios corporales que atravesamos, así como la emoción de convertirnos en quienes queremos ser. Hacerse mayor no es fácil, pero formar parte de esta sororidad hace que los días difíciles lo sean un poco menos. Exponerse y hacer amigos puede dar miedo, pero merece la pena por las risas, las galletas quemadas, las aventuras y el apoyo.

BIENVENIDA A LA SORORIDAD

Con solo abrir este libro empezaste a formar parte de un club de chicas seguras de sí mismas y empoderadas de todos los rincones del mundo que sueñan a lo grande, quieren mucho y, sobre todo, se apoyan unas a otras. Ya sea consolando a nuestra mejor amiga cuando está triste o ayudando a chicas que ni siquiera conocemos, todas compartimos ciertas cualidades:

Nos animamos mutuamente. Las autoras y mejores amigas Ann Friedman y Aminatou Sow se lo dicen a menudo: *No brillo si tú no brillas.* Significa que, en lugar de ceder a tus inseguridades y a la envidia, sientes auténtica felicidad y emoción por tus amigas, especialmente cuando se enfrentan (¡con éxito!) a algo difícil. Sé su mayor fan, y demuéstraselo. La confianza es contagiosa. Si alguien a quien quieres sabe que crees en ella, es mucho más fácil que también crea en sí misma.

NO BRILLO SI TÚ NO BRILLAS

Somos inclusivas. Una de las peores cosas del mundo es que te hagan sentir que no perteneces, ya sea por tu aspecto, donde vives, tu forma de vestir o algún código de popularidad inalcanzable. Las Rebeldes no excluyen. Aceptamos a todos, independientemente de sus experiencias e historias. La diferencia nos hace más amables, inteligentes y empáticas. Y también logra que los demás se sientan bien.

No juzgamos. Parte de ser inclusiva consiste en aceptar a las personas tal como son. Las Rebeldes no imponemos nuestras opiniones a los demás. Respetamos lo que hace únicas a todas las personas que conocemos. Puede que veas a tu amiga peleándose con su hermana y pienses: «*Yo nunca habría dicho eso, o lo habría llevado de otra forma*». No pasa nada; cada cual tiene su manera de moverse por el mundo.

VOCES REBELDES

«Taylor tiene una manera preciosa de unir a la gente [...]. Es capaz de despojarse de todo y simplemente ser humana. Me encanta».
—Selena Gomez sobre Taylor Swift, una de sus mejores amigas

Se puede confiar en nosotras. Ser totalmente honesta no siempre es fácil. Muchas sentimos vergüenza, culpa y miedo por cosas que ocurren en nuestras vidas. Pero para eso están las amigas. A veces sienta muy bien hablar con alguien que nos conoce bien y nos quiere incondicionalmente. Una Rebelde no intenta hacerlo *todo* sola: si las cosas se ponen feas, hablará con un adulto. También sabe escuchar y guardar secretos. No tomará preocupaciones confesadas en privado y las convertirá en chismes. Una Rebelde sabe cuándo guardar los sentimientos y pensamientos de sus amigos.

Somos leales y fiables. Cuando el estrés de la vida te golpea, nada sienta mejor que saber que tienes a una amiga a tu lado, pase lo que pase. Y que no solo estarán cuando les apetezca, o si se acuerdan de ti por casualidad, sino *pase lo que pase*. Hacerse mayor ya es bastante difícil sin tener que preguntarse si la gente de tu vida está de tu lado. Déjaselo claro a tus amigas: las quieres y estás ahí para ellas.

VOCES REBELDES

«Desde que la conocí supe que siempre estaría ahí para ella». —Taylor Swift sobre Selena Gomez, una de sus mejores amigas

Demuestra tu cariño a tus amigos cada día

Ya lo sabemos: el apoyo, la inclusión, la confianza, la lealtad, la fiabilidad y la comprensión son los pilares de una relación sólida. Pero ¿qué podemos hacer para que nuestras amigas se sientan especiales? Aquí tienes algunas ideas para hacer saber a tus amigas que las quieres.

Préstales toda tu atención. ¿Sabías que, según los científicos, no podemos hacer varias cosas a la vez? Salvo unos pocos privilegiados, los seres humanos no somos capaces de realizar eficazmente más de una tarea cada vez. Si estás pensando en el proyecto que tienes que terminar mientras tu amiga te habla, no estás presente ni escuchándola de verdad. Mantén tus ojos, oídos y mente concentrados en tu amiga cuando te hable.

Practica la escucha activa. Cuando una amiga está hablando, presta atención no solo a lo que dice, sino también a su lenguaje corporal. Hazle preguntas. Lee entre líneas. ¿Finge estar de buen humor pero en el fondo parece angustiada? Hazle saber que estás ahí si quieren hablar de ello.

Pregúntales cómo se encuentran cuando les pase algo difícil.
Una amiga puede contarte en confianza que se peleó con su hermana o que
tiene un *crush* que le produce ansiedad. Apóyala en el momento y vuelve a
preguntarle al respecto pasados unos días. Es como si le dijeras: «Pienso en ti
y estoy aquí para ti».

Cuando pienses algo bueno de tus amigas, ¡díselo! Decir cosas
bonitas a tus amigos es una forma estupenda de hacerles saber que eres su
mayor fan. Puedes decirles que te encanta su nuevo corte de pelo, que estás
orgullosa de su buena calificación en el examen de ciencias o de lo bien que les
fue el recital de danza. Mostrar tu aprecio por sus habilidades y logros es tan
importante como elogiar su estilo y apariencia. Puede que incluso más.

Recomiéndales un libro que te guste. Lo mismo ocurre con una
canción que crees que les gustará o una película que te mueres por ver en su
compañía. Compartir cosas que te gustan y que sabes que a ellos también les
gustarán es una forma maravillosa de conectar.

**Regálales una tarjeta o manualidad por las
fiestas (o porque sí).** Cuando llega la época
de hacer regalos, siempre es más considerado
(¡y normalmente más barato!) hacer tus propios
obsequios en lugar de comprarlos. Además, puede
ser una forma creativa de disfrutar de una tarde que,
de otro modo, habrías pasado en un centro comercial
quedándote sin paga. Si las manualidades no son lo tuyo,
escríbeles una tarjeta con un mensaje personalizado en
lugar de comprar una con texto ya preparado.

10 preguntas para conocer mejor a tus amigos

A veces *pensamos* que conocemos bien a una persona, hasta que una pregunta reflexiva y directa nos descubre una faceta de su personalidad totalmente nueva. Sumergirte en la mente de tus amigos puede ser emocionante y fascinante. Aprenderás mucho y te sentirás más unida a ellos. ¡Responde a estas 10 preguntas con ellos, individualmente o en grupo!

Preguntas y respuestas: edición amistad

* Si pudieras ir a cualquier parte del mundo, ¿adónde irías?
* ¿Qué es lo que más miedo te daba cuando eras más joven?
* ¿Y ahora? ¿Qué es lo que más miedo te da?
* ¿Qué superpoder te gustaría tener?
* De todo lo que hiciste en tu vida, ¿de qué sientes más orgullo?
* ¿Recuerdas alguno de tus errores? ¿Qué aprendiste de él?
* ¿Cuál es tu recuerdo favorito?
* ¿Cuál es la persona que mejor te entiende?
* ¿En qué piensas cuando no puedes dormir?
* ¿De qué tienes más ganas cuando seas mayor?

Las amistades cambian con el tiempo

Por supuesto, no siempre seremos la amiga perfecta. Nos equivocaremos y, queramos o no, haremos daño a los que nos rodean. Saber cómo actuar en el momento no siempre es fácil, pero formar parte de la sororidad significa admitir que te equivocaste. Y ser capaz de ofrecer unas disculpas sinceras es una de las cualidades de una buena amiga, una digna de confianza y coherente.

A veces, los desacuerdos no se resuelven con una disculpa. Tu amiga tendrá una opinión y tú otra. O empezará a salir con otras personas y te dejará de lado, haciendo que te puedas sentir excluida. Es entonces cuando tus dotes de aceptación entran en juego. No pasa nada por pensar diferente. Tampoco por explorar nuevos grupos sociales y nuevos vínculos (quizás te suene esta frase: *Haz amigos nuevos, pero conserva los viejos*). ¡Recibir amor de nuevos amigos sienta muy bien! Mientras ambas partes se sientan respetadas y escuchadas, que otras personas cuestionen tus puntos de vista tiene sus aspectos positivos.

¿Y qué debes hacer si no te sientes respetada y feliz con quienes se supone que son tus amigos? Aléjate con la cabeza bien alta. Las relaciones no siempre serán fáciles, pero deberían darte más alegrías que preocupaciones. Si estás pasando un mal momento en una amistad, cierra los ojos y piensa en esa persona. ¿Te despierta sentimientos felices a pesar de los últimos encontronazos? ¿O sientes una inquietante punzada en el estómago? Si tu reacción se parece más a la segunda, sabes lo que tienes que hacer. A corto plazo, perder a alguien en tu vida será duro. Pero recuerda: aunque la amistad termine, todos merecemos respeto y amabilidad.

Imagina...

Kayla y Zoe siempre habían sido mejores amigas. Pero las cosas cambiaron cuando llegaron a la secundaria. Zoe conoció a una chica llamada Sophia y a sus amigas, que llevaban ropa nueva y maquillaje. La familia de Kayla no se podía permitir esas cosas y, para ser sinceras, a Kayla tampoco le interesaban demasiado. Pero echaba de menos bailar con Zoe en su habitación y nadar juntas en el lago durante el verano. Un día, Kayla se sentó a la mesa con Zoe y sus nuevas amigas. Se estaban riendo de una broma interna. Cuando les preguntó qué era tan gracioso, una de las nuevas amigas de Zoe le dijo: «No lo entenderías».

Las cosas cada vez estaban más tensas entre las dos amigas. Kayla se sentía abandonada y Zoe, que Kayla no la dejaba desplegar sus alas y probar cosas nuevas. Pasaron meses sin que hablaran del tema. Un día, después de clase, Kayla le propuso sentarse a hablar en su banco favorito del parque, el lugar en el que antes hablaban de sus amigos imaginarios, donde bromeaban sobre lo molestos que eran sus hermanos. Cuando se sentaron, Kayla le confesó cómo se sentía: «Siento que ya no tienes tiempo

194

para mí», le dijo. «Y que no les caigo bien a tus nuevas amigas».

Zoe pareció irritarse, pero luego le dijo: «Me alegro mucho de que me lo hayas contado. Sigo queriendo que seamos amigas, y sigo estando aquí para ti». Hablaron el resto del trayecto a casa y, cuando se despidieron, acordaron dedicar una mañana al mes a desayunar juntas en su cafetería favorita. Fue como escribir una nueva página en su relación. Estaban creciendo. Se estaban distanciando. Y no pasaba nada. Las cosas no serían siempre igual que cuando eran más pequeñas. Pero se seguían queriendo y se aceptaban como eran. Las cosas cambiarían, pero no tenía por qué ser algo malo.

SER UNA BUENA COMPAÑERA

Si estás en un equipo deportivo o participas en un proyecto de grupo en clase, sabes que cada persona contribuye al ambiente y a la energía del grupo. Siempre que sea posible ¡sé una fuerza positiva!

Igual que una buena amiga, una buena compañera se interesa por el éxito de los demás y se alegra de verdad por los logros de sus compañeros. Entiende que «la marea levanta a todos los barcos». Es decir, que el éxito de una persona influye positivamente en quienes le rodean. Formar parte de un grupo también te enseña a confiar en otras personas en lugar de intentar hacerlo todo sola y abarcar demasiado. ¿Sabes esa jugadora de basquetbol que lanza a canasta aun estando lejos del aro y teniendo a una compañera mucho mejor situada? Sí, la que termina por fallar el tiro. No seas como ella. Confía en tus compañeras y comparte el mérito siempre que sea posible. Y sé amable cuando los demás cometan errores.

Formar parte de un equipo también te enseña a ser más comprensiva. A veces, tu relación con tus compañeras de equipo se asemejará a la de una familia. Quizás no sean personas a las que elegirías como amigas, pero deberías encontrar la forma de apreciarlas. Puede que tu compañera no comparta tu estilo de comunicación, ni tu idea de lo que necesita el equipo. No pasa nada. Haz todo lo posible por ser generosa y flexible. ¿Y qué pasa si pierdes un partido o entregas un proyecto imperfecto? Así es la vida. ¡No es el fin del mundo! Tú sabes que lo pusiste todo de tu parte y lo hiciste lo mejor que pudiste.

Competitividad: ¿buena o mala?

Para algunas personas, ser competitiva es una cualidad negativa. Asocian la competitividad con la agresividad y la grosería, especialmente si eres una chica. ¡Pero puede ser una cualidad positiva! Las personas competitivas se retan a sí mismas, trabajan mucho, piensan de forma creativa y se atreven a salir de su zona de confort. Un grado sano de competitividad puede dar lugar a muchos momentos «guau» que te hagan sentirte orgullosa de tus logros.

Pero, por desgracia, también tiene su lado malo. Puede poner presión sobre personas que ya tienen mucho encima, presión que puede resultar perjudicial. También puede poner trabas a una cualidad muy admirable: la humildad. Si dejas que tu lado competitivo se apodere *demasiado* de ti, corres el riesgo de perder la perspectiva y empezar a pensar que eres mejor que los demás; una receta para tratar mal a la gente. ¡Ser amable siempre es más importante que ganar!

VOCES REBELDES

«En la escuela teníamos que hacer una maqueta de las fases lunares con materiales reciclados. Una amiga tropezó y su maqueta cayó al suelo. Quedó totalmente destrozada, pero le ayudé y la reconstruimos lo mejor que pudimos».
—Ashley B., 13, Ciudad de México (México)

Aun así, no nos cansaremos de insistir en que la competitividad puede ayudarte a explorar hasta dónde puedes llegar. Y si hay algo que las Rebeldes de todo el mundo han demostrado, es que se puede llegar bastante lejos.

A veces, distinguir entre la competitividad sana y la dañina puede resultar difícil. Por eso tenemos esta lista con ejemplos de ambas.

Tipos de competitividad

Sana

* Entrenar duro para recortar unos segundos a tu tiempo en natación
* Retar a tus amigos a decir el abecedario al revés (y reírte cuando te equivoques)
* Hacer preguntas a un compañero para preparar un examen
* Sentirte orgullosa de haberte esforzado, independientemente del resultado final

Dañina

* Competir por la atención de un crush
* Despreciar a alguien cuando consigue el papel que querías en la obra escolar
* Alardear o decir cosas feas al equipo contrario para desconcentrarlas antes de un partido
* Solo ser feliz si ganas, aunque te hayas esforzado al máximo

HACER AMIGOS NUEVOS

Hace un siglo, el psicólogo suizo Carl Jung inventó estos términos para explicar cómo dirigimos y recargamos nuestra energía social. Según Jung, las personas pueden ser **introvertidas** o **extrovertidas** (o **ambivertidas**, una combinación de ambas). ¿Quieres saber qué eres? ¡Te lo explicamos!

Las personas introvertidas recargan energía cuando están solas. Si eres introvertida, necesitas tiempo para ti. Te gusta estar con tus amigos, pero te cansa. Más que una gran red de amistades, tiendes a tener pocos amigos, pero muy cercanos. Y, a menudo, te sumes en tus pensamientos y sentimientos. A veces en el buen sentido, a veces en el malo. Eres más de observar que interactuar y hay quien piensa que eres tímida o reservada.

A las personas extrovertidas les encantan la interacción y conexión humanas. Si eres así, no necesitas tanto tiempo a solas como alguien introvertido. De hecho, te tensa pasar demasiado tiempo sola. Y sientes una explosión de energía tras una actividad o evento en grupo. Te encanta hablar, y envías mensajes a tus amigas de inmediato para pedirles consejo cuando ocurre algo importante. La gente piensa que eres parlanchina y el alma de la fiesta.

Lo cierto es que la mayoría somos algo intermedio, lo que los psicólogos llaman «ambivertidos». Quizás seas bastante extrovertida pero con tendencias introvertidas, o introvertida con algunas cualidades extrovertidas. Una cosa no es mejor que la otra; solo son dos formas de relacionarse con el mundo. Pero *puede* que estas categorías te ayuden a entenderte a ti misma y a saber lo que necesitas para sentirte bien, no agotada o aislada.

Las personas extrovertidas suelen tener más facilidad para entablar amistades y disfrutar de un gran círculo de apoyo. A primera vista, quizás pienses que todos deberíamos esforzarnos por ser como ellas. ¡Pero no es así! Ser introvertida también tiene su encanto. Puede que tengas menos amigos, pero las relaciones suelen ser más profundas. Y pasar tanto tiempo a solas hace que estas personas sean conscientes de sí mismas y reflexivas, por lo que son excelentes confidentes y dan muy buenos consejos. Quizás nuestra cultura anime a ser lo más sociable posible, pero hay sitio para todos.

Dar el primer paso

Aunque seas una persona extrovertida, hacer amigos nuevos no siempre es fácil. Requiere esfuerzo y valentía. Una muy buena forma es participar en actividades que te gustan, donde puedes conocer a personas con tus mismos gustos. Si amas el arte, apúntate a clases de pintura. ¿Patinas sobre hielo desde que eras pequeña? Únete al equipo de hockey de tu colegio.

¡También puedes probar cosas nuevas! Tener la confianza necesaria para formar tu propio club hará que los amigos acudan a *ti*.

Echa un vistazo a la oferta de tu escuela y piensa qué echas en falta. Podrías crear un grupo de salto a la cuerda en el parque u organizar una colecta de juguetes benéfica. O crear un club de lectura que se reúna en tu casa cada mes. Las actividades nuevas llaman la atención de la gente. Y si quien la dirige es de su edad, aún mejor.

Eso está muy bien pero ¿qué pasa si ser tan proactiva no es lo tuyo? En otras palabras, ¿qué pasa si eres introvertida? No cambies tu personalidad, pero aprovecha las oportunidades para ser más sociable. Pueden ser cosas pequeñas. Sabes que tener tiempo para ti es importante. Si aceptas las invitaciones que te hagan (aunque te pongan nerviosa) quizás encuentras a una persona como tú con la que crear un vínculo profundo. Empieza por reuniones con pocas personas o pide a un amigo de confianza que también vaya. ¡Puedes hacerlo!

Romper el hielo

Acabas de ver a una persona con la que sabes que conectarás. Quizás sea porque llevan una camiseta de tu grupo favorito o porque le oíste contar un chiste divertidísimo. Y ahora ¿qué haces? ¿Cómo puedes conseguir que este desconocido se convierta en tu amigo o amiga? ¡El primer paso es hablarle!

Sé directa. La forma más sencilla de romper el hielo es mostrarte extrovertida. Dile algo así: «¡Hola! Me llamo Nina. Comemos a la misma hora, ¿quieres que vayamos juntas?». Ser la primera en hablar puede ser angustioso, pero la mayoría de la gente lo agradece.

Hazle un pequeño cumplido. Lo más probable es que hayas notado algo en esa persona que te intriga: un bolso hecho a mano, una respuesta interesante en clase de inglés o una mecha rosa en el pelo. ¡Díselo!

Hazle una pregunta. Puede ser algo sencillo que realmente quieras saber: «Hola, ¿sabes cómo me puedo apuntar para ayudar el sábado en el comedor social?». También puedes hacer un comentario sobre una experiencia compartida: «¿Qué mosca le había picado al sustituto de ayer?».

Cuenta un chiste. Hacer una observación ingeniosa sobre la vida una buena forma de llamar la atención. Prueba con este: «¿Sabes por qué el libro de matemáticas siempre se siente triste? Porque tiene muchos problemas y no se le ocurren soluciones».

La tímida de la fiesta

¿Estás nerviosa o incómoda en las reuniones sociales? ¿Prefieres esconderte mientras los demás muestran sus pasos de baile? Ser tímida no es lo mismo que ser introvertida. No es una faceta de tu personalidad; puede que estés pasando por una fase de mayor timidez o que solo te sientas así en determinadas situaciones.

Si crees que tu timidez afecta a tu confianza en ti misma o te impide llevar una vida divertida y relajada, *hay* formas de superarla. Ve dando pequeños pasos para ir saliendo de tu zona de confort: sé tú la que pide la comida cuando vayas a un restaurante, levanta la mano en clase al menos una vez a la semana o sonríe y saluda al vecino al que sueles evitar. Y, después, atrévete a ir más allá:

apúntate a clases de interpretación, únete al equipo de debate o ve a una gran fiesta a la que no te habrías atrevido a asistir hace un año.

Pero no olvides que ser tímida no tiene nada de malo. Solo significa que necesitas un poco más de tiempo para sentirte cómoda con personas o situaciones con las que no estás familiarizada. De hecho, ser tímida puede impedir que actúes de forma impulsiva, lo que a su vez te protege de posibles malas decisiones.

Imagina...

El curso de Madeline había sido estupendo, repleto de fiestas de cumpleaños y pijamadas. Pero su madre tenía un trabajo nuevo y la familia se tenía que mudar. Estaba destrozada por abandonar a sus amigos. Además, se sintió incómoda al instante en su nuevo colegio. Todos parecían tener sus propios grupitos, y no sabía cómo encajar.

Al principio, aceptó que no tendría amigos. Enfrentarse a la cafetería le resultaba tan abrumador que empezó a comer sola en el patio. Pero llegado octubre ya estaba cansada de estar siempre sola.

Cuando descubrió que el musical de la escuela era todo un evento, pensó cuál debería ser su siguiente paso. La obra de este año era *Into the Woods*. A Madeline no le gustaba actuar, pero sí crear cosas y formar parte de un equipo. Así que se apuntó al equipo técnico.

Desde el primer día, congenió con otras dos chicas del equipo. Las dos eran nuevas en la escuela y más bien tímidas. A Madeline le gustaba su sentido del humor y sus comentarios irónicos sobre las grandes personalidades del reparto. Pasaron meses juntas preparando la obra, en ensayos que se prolongaban durante horas y horas, aprendiendo los entresijos de la iluminación, cosiendo el traje de Caperucita Roja y asegurándose de que las sombras de la enredadera mágica quedaran perfectas. ¡La noche del estreno fue todo un éxito! Madeline y sus nuevas amigas se hicieron inseparables. Pasaron el resto de la noche juntas, riendo con orgullo y alegría. Por fin, Madeline había encontrado su lugar en la nueva escuela.

Extraordinariamente tú

Si aprendes algo este capítulo, que sea esto: sé tú misma en todo momento. La presión para vestir y actuar como los demás es enorme, y quizás dudes constantemente de si estás a la altura de las expectativas. No olvides que no tienes por qué ser exactamente igual que tus amigos o compañeros de clase para que te quieran y te acepten. Viste como se te antoje y explora las actividades e intereses que te emocionen y te hagan sentir segura de ti misma.

¿Qué tan habladora eres?

1. Estás en una competencia de matemáticas. La persona que gane debe dar un discurso. ¿Cómo te sientes al respecto?

   A. Me encantaría tomar el micrófono y celebrar mi victoria.
   B. No perdería a propósito, pero me daría un poco de reparo tener que dar un discurso.
   C. Ni de broma. Yo no hablo en público.

2. Estás en casa de una amiga con otra chica a la que no conoces muy bien. ¿Qué haces?

   A. Rompo el hielo haciendo bromas.
   B. Propongo jugar a un juego de mesa mientras nos vamos conociendo.
   C. Confío en que mi amiga será la que me incluya en la conversación.

3. La mesa del comedor en la que sueles sentarte está llena. ¿Dónde te sientas?

   A. Con otros amigos. ¡Así los conoceré más!
   B. En la mesa de al lado, para poder seguir hablando con mis amigos.
   C. Pediría a una de mis amigas que se sentara conmigo en otra mesa.

4. En clase, ¿te gusta que el profesor te pregunte?

   A. Claro, ¡sobre todo si me sé la respuesta!
   B. Prefiero levantar la mano y decidir yo cuando estoy lista para hablar.
   C. Ay, no. Odio que la atención se centre en mi.

5. ¿Cuál de estos trabajos te gusta más?

A. Directora de un campamento.
B. Médica.
C. Bibliotecaria.

6. Estás en un vuelo, y a tu lado hay sentada una chica de tu edad. ¿Qué haces?

A. Le enseño a hacer pulseras de la amistad.
B. Saco una baraja de cartas y le pregunto si quiere jugar.
C. Le digo si quiere ver una película conmigo en la tableta de mi madre.

7. ¿Qué es algo de ti que nos sorprendería?

A. Puedo sentirme tímida en situaciones nuevas.
B. Me encanta escribir historias.
C. No me importaría subirme a un escenario.

Respuestas

MAYORÍA DE «C»: SONRIENTE Y SILENCIOSA

Los momentos de tranquilidad te ayudan a pensar. Tu círculo más cercano sabe que puedes ser extrovertida cuando quieres.

MAYORÍA DE «B»: PRESENTE A PROPÓSITO

Tienes grandes dotes de observación y sabes usarlas para decidir si quieres participar en una conversación o limitarte a escuchar.

MAYORÍA DE «A»: HIPERHABLADORA

¡Eres una ninja de la palabra! Te sientes cómoda llamando la atención con lo que dices, ¡y hablar en voz alta te ayuda a entender lo que sientes!

REDES SOCIALES Y MENSAJERÍA

Es imposible negar que las redes sociales y las aplicaciones de mensajería son parte de nuestro mundo, y es probable que lo sigan siendo mucho tiempo. Mostrar nuestra personalidad en Internet es divertido, y ayuda a mantener el contacto con amigos y familiares. Pero también puede ser una enorme causa de estrés. Según los psicólogos, un uso excesivo perjudica seriamente la salud mental de las adolescentes. Con algo de suerte, quizás tengas demasiados intereses (deportes, lectura, experimentos científicos) como para dedicarte a mirar una pantalla. Además, abstenerte de descargar aplicaciones como Instagram o TikTok siempre es una opción. Y muy buena. Pero si te aventuras en el mundo de las redes sociales, lee antes nuestros consejos.

COSAS QUE SÍ HACER

Aplica los valores de sororidad que rigen tu vida real.

Sé amable, digna de confianza, empática, inclusiva y solidaria. Estar en Internet no es igual a ser anónima, y tus palabras pueden herir.

Piensa antes de publicar (o enviar). Y vuelve

a pensar... y una última vez. Quizás lo publicado en redes no *parezca* permanente, pero tus palabras se pueden volver en tu contra en un futuro, y no querrás que una declaración impulsiva te meta en líos más adelante.

Mantente positiva. Internet puede sacar lo peor de las personas. No hay razón para añadir rencor o mezquindad al mundo, por muy molesta que te sientas (¿Recuerdas lo que dijimos que hicieras con la ira? Suéltala. ¡Pero no la vuelques en los demás!).

Deja de seguir o bloquea cualquier cuenta que te haga sentir mal contigo misma. Tu autoestima es un bien muy valioso, y tu *feed* y grupos deberían ser una fuente de alegría, no de preocupación.

COSAS QUE NO HACER

No te conectes cuando no te sientas bien. Solo hará que te sientas peor. Escribe en tu diario o desahógate en privado con un amigo o amiga. No compartas tu malestar o interactúes con todo el que se te ponga por delante.

No publiques ni envíes fotos privadas. Puede que ni siquiera te des cuenta de que son comprometedoras, pero las fotos en las que no estás completamente vestida pueden atraer la atención equivocada e incluso resultar peligrosas.

No publiques información privada.
Por motivos de seguridad, no publiques tu dirección, número de teléfono ni planes de viaje en las redes sociales. Si etiquetas una foto con su ubicación, hazlo cuando ya no estés allí.

No respondas a mensajes de odio, de acosadores o de desconocidos. Solo buscan sacarte de tus casillas. No les des lo que quieren. Déjalos en leído y, de nuevo, ¡no dudes en bloquear!

No etiquetes a tus amigos sin preguntarles. Tus amigos también tienen derecho a la intimidad. Antes de publicar la imagen de otra persona, pídele permiso, incluso si solo la vas a enviar por mensaje.

Consejos de seguridad

Lo bueno de Internet es que te pone en contacto con todo tipo de personas, de todo tipo de lugares. Por desgracia, esto puede ser peligroso.

Nunca olvides que muchas personas no son quienes dicen ser en Internet. La idea de chatear con nuevos amigos de un lugar lejano resulta atractivo, y no tiene por qué no ser algo seguro. Pero desconfía de los desconocidos que te siguen o te proponen quedar en persona. ¿Y si te piden información personal? Tómatelo como una *red flag* y corta la conversación de inmediato.

Sobre todo, haz caso a tu instinto. Si la conversación toma un tono que te provoca una sensación extraña en la barriga, habla con un adulto. Lo mismo ocurre con el ciberacoso, que puede venir de alguien al que conoces o de personas anónimas. Si recibes mensajes crueles o amenazadores (o si ves que le ocurre a otra persona), pide ayuda a un adulto de confianza. Que NO te preocupe que te acusen de acusica: los *bullies* operan gracias al silencio y el miedo. Lo más probable es que tus padres estén involucrados de alguna manera en cómo usas Internet, así que no tendrán ningún problema en ayudarte o incluso en denunciar lo sucedido.

SOBRE EL TEMA DEL BULLYING...

El *bullying*, o acoso, puede adoptar muchas formas diferentes. En la televisión y en las películas, los acosadores son niños o niñas que pegan, empujan, insultan, se burlan, amenazan e intimidan. Pero también hay formas de acoso más silenciosas que consisten en excluir, susurrar y cotillear. Los *bullies* se meten con otros para sentirse importantes y poderosos. Por su parte, los acosados se sienten solos, humillados y tristes. Puede que les sea difícil pensar en otra cosa y la escuela (o el lugar donde se esté produciendo el acoso) se convierte en un lugar terrible para ellos.

Nadie debería hacer frente a una situación así. Pero esto es lo que debes hacer si te ocurre.

Ignora al acosador o acosadora. Literalmente, finge que no existen. Sobre todo si te molestan en público, lo mejor que puedes hacer es pasar de largo como si no ocurriera nada. Incluso podrías empezar a hablar con otra persona, como si no los escucharas. Si puedes, márchate de allí. Sabemos que esto te parecerá imposible. Quizás pienses: «*Los* bullies *son personas ruidosas y agresivas, ¿y quieres que los ignore?*». Por supuesto que sí. No hay nada que odien más que no lograr llamar tu atención.

Si respondes, mantén la calma. A veces, ignorar a tu *bully* es realmente difícil. Tal vez formen parte de tu grupo de amigos y, por tanto, sea imposible evitarlos. En este caso, mantén la calma y la serenidad. Responde algo sencillo, como esto: «Nadie se está riendo» o «Esto es aburrido. ¿No tienes nada mejor que hacer?».

Díselo a un adulto. No hay duda de que te amenazarán para que no se lo cuentes a nadie. O si no... Tu *bully* actuará como si pedir ayuda fuera lo peor que puedes hacer. No es así. Ser una «acusica» y denunciar un problema grave son dos cosas distintas. Si un acosador o acosadora te hiere físicamente o sigue haciéndote la vida imposible aunque intentes ignorarle o responderle con calma, es hora de decírselo a tus padres o a un orientador escolar.

Sabemos que los consejos sobre acoso escolar de adultos pueden resultar molestos. Así que hemos preguntado a algunas Rebeldes qué le dirían a una chica que sufre acoso escolar. Estas son sus respuestas:

«Les diría que se defiendan y que no merecen que nadie les trate mal. Les diría que si la cosas siguen igual después de intentar defenderse, lo mejor es hablar con un adulto». —Emma H., 9, Tennessee (EE. UU.)

«Defiende lo que crees que es correcto. No digas lo que te parezca correcto para ellos, di lo que crees que es bueno para ti». —Vivian M., 10, California (EE. UU.)

«Aunque los bullies digan cosas malas, eso no significa que sean verdad». —Leila C., 9, California (EE. UU.)

Qué hacer en caso de bullying

Una de las mejores formas de frenar a un *bully* es que otra persona intervenga, señale que se están comportando mal y sea amable con la víctima. Y, a veces, ¡esa persona debes ser tú! Incluso si no conoces mucho a la persona acosada, intervenir es lo correcto. ¿Alguien se está riendo de una chica a la que se le rompieron los pantalones? Ofrécele un suéter para que se lo ate alrededor de la cintura. ¿Un *bully* se burla de un compañero porque cecea? Lánzales una mirada molesta y diles: «Eso no tiene ni pizca de gracia». La persona acosada te lo agradecerá, e incluso puede que disuadas al *bully* de hacer lo mismo a otras personas. Los *bullies* necesitan público. ¡No formes parte!

¿Cómo saber si estás haciendo bullying?

Todos nos sentimos inseguros a veces. Quizás estés intentando impresionar a alguien o encajar en la escuela. Pero ser cruel con los demás para sentirte mejor nunca está bien. Gastar alguna broma es divertido, pero si son constantes y siempre a costa de la misma persona, se pueden convertir en acoso. Lo mismo ocurre si excluyes a otros a propósito, difundes rumores o le cuentas a otra amiga algo que tu mejor amiga te confesó en confianza.

Presta atención a las reacciones de los demás: ¿parecen dolidos o avergonzados? Si es así, deja de hacerlo y discúlpate de corazón. Puede que menospreciar a los demás haga que te sientas grande en el momento, pero créenos: después te sentirás muy mal. No vale la pena herir a otra persona por una inyección temporal de confianza. No lo olvides: las Rebeldes siempre son amables.

Me llamaron «mandona». ¿Por qué?

¡Hay mucho que decir de la palabra «mandona»! Con demasiada frecuencia, a una chica la llaman «mandona» por hablar, tomar las riendas de una situación o mostrar su inteligencia de una forma igual a la de un chico. Pero mientras que a él lo elogian por su confianza, a ella la menosprecian y tachan de «mandona». No dejes que esto te afecte. Participar y tener opiniones son cualidades increíbles. Si tienes una idea o te sabes la respuesta, no hay absolutamente nada de malo en que lo digas. ¡Levanta la mano sin miedo!

Esto no quiere decir que no seas considerada con los demás. Ser grosera o mandonear no da buena imagen. ¿Pero que te llamen «mandona» solo porque te muestras segura de ti misma y asertiva? Ahí es cuando puedes ignorar esas palabras, o incluso apropiarte del término. Nunca es demasiado pronto para poner a prueba tus dotes de liderazgo.

SOBRE SER EDUCADA

«Sé educada». Esta frase es, seguramente, una muy repetida por los adultos en tu vida. Y, a primera vista, no tiene nada de malo. Decir por favor y gracias es cuestión de buena educación, ¿no crees? También está genial que uses la servilleta, no hables con la boca llena y pidas perdón a las personas con las que chocas accidentalmente. Asimismo, es de decencia básica respetar las opiniones de los demás y escuchar cuando hablan. A veces, el mundo puede parecer solitario y apresurado. En esos días, una interacción con una persona cálida y cortés puede ser razón de alegría.

¡Así que sí! Sé respetuosa y amable. Pero hay algo que debes tener en cuenta: al igual que el ser o no «mandona», la cortesía es una cualidad que no se mide igual en chicas y chicos. Y muchas cuestiones de etiqueta están más dirigidas al comportamiento de las chicas, ya sean «no lleves ropa reveladora» o «no seas demasiado ruidosa». A menudo, a las niñas se les enseña que ser educada no es solo tener buenos modales: también significa permanecer callada, evitar la confrontación y no llamar la atención.

Si se centran demasiado en ser corteses, muchas chicas empiezan a poner las necesidades de los demás por delante de las suyas.

Con el tiempo, terminan por hacer todo lo que los demás les piden, incluso desconocidos, mientras ignoran sus propias opiniones o corazonadas.

A veces, la cortesía no es tan importante como decir lo que piensas. Por ejemplo, si estás diciendo algo en clase y te interrumpen, no pasa nada por pedirles que te dejen terminar. Puede parecer más fácil dejar que hablen por encima de ti, pero es el momento de que te defiendas sin perder la calma.

Esto también aplica a la hora de decir que algo te incomoda, si ves algo que está mal o cuando tienes una opinión. Tampoco es de mala educación decir que no a la chica que te pide copiar tu tarea. Y, desde luego, no hay nada de malo en proponer ideas en un proyecto en grupo en lugar de dejarte llevar por los demás. ¡Tu opinión es válida!

Nunca lo olvides: no tienes que pedir perdón por expresar tus necesidades. Di lo que piensas de forma respetuosa, pero con confianza. Te mereces ocupar espacio sin necesidad de disculpas.

PELEAS ENTRE AMIGAS: ALGO QUE SUCEDERÁ

En todas las amistades llega un momento en el que una amiga, o ambas, perderá la calma. En otras palabras: habrá una discusión. Es algo que *sucederá*, no importa cuánto ames a la otra persona. ¡No pasa nada! Las amistades sanas no son aquellas en las que no hay ningún conflicto, sino en las que, cuando las cosas se pongan feas, ambas personas se esfuerzan por arreglarlas.

Imagina...

Soraya y Erika eran mejores amigas y se lo contaban todo. Una tarde, Erika le contó a Soraya que, un par de años atrás, marcó accidentalmente en la portería contraria en la final del campeonato de futbol. Incluso lo celebró delante de todo el mundo antes de darse cuenta de su error. Su gol les costó el partido, y Erika sintió una vergüenza enorme. Soraya le prometió a Erika que su secreto estaba a salvo con ella y que no se lo contaría a nadie.

Pero semanas más tarde, de camino a la escuela, Soraya bromeó irreflexivamente sobre el percance de Erika delante de tres chicas mayores del equipo de fútbol. Soraya miró a Erika, que se puso colorada. Soraya se arrepintió al instante. Avergonzada y disgustada, Erika se fue al baño corriendo.

Soraya la dejó a solas, pero la alcanzó mientras caminaba hacia su casa a la salida de clase. «Lo siento mucho», le dijo, mirando a su amiga a los ojos. «Solo intentaba hacer reír a esas chicas y no pensé en absoluto. Valoro mucho nuestra amistad y espero que puedas perdonarme». El enfado de Erika no desapareció por arte de magia, pero la disculpa de Soraya la reconfortó. Le dijo que sabía que no había querido hacerle daño. Al final de la semana, todo estaba perdonado.

Cómo reconciliarse con un amigo

Respira y recapacita. En la historia que acabas de leer, parte de la razón por la que Erika y Soraya superaron lo sucedido es que se dieron espacio inmediatamente después de la pelea. Erika se alejó y Soraya no irrumpió en el baño con una disculpa chapucera. Ambas se tomaron un momento para calmarse antes de hablar. Te sugerimos que hagas lo mismo si tienes un problema con un amigo o amiga. No envíes un mensaje de texto estando enfadada, no pongas excusas cuando te confronten y, por el amor de todas las diosas, ¡no digas en caliente algo de lo que te puedas arrepentir! Un insulto o frase generalizadora puede resultar muy difícil de superar.

Háblalo. Después de una pelea, busca un lugar neutro en el que puedas hablar con tu amiga con calma. Y antes de hacerlo, piensa qué esperas de la conversación. ¿Quieres una disculpa? ¿Una explicación? ¿Alcanzar un acuerdo? Antes de expresarle tus sentimientos a la otra persona, pregúntate cómo te sientes realmente. Haz frases que hablen de ti para explicar por qué te sientes defraudada, no ataques.

Si es necesario, discúlpate. Y hazlo de corazón. La gente se da cuenta de cuándo te limitas a disculparte para que el problema desaparezca en lugar de pensar detenidamente en lo que hiciste mal. Soraya, por ejemplo, asumió su culpa, e incluso explicó qué la llevó a ese lapsus

momentáneo. No lo utilizó como excusa, sino que se aseguró de que Erika supiera que su traición no se debía a que le guardara rencor, sino a su propia inseguridad.

Rupturas de amistad

A veces, por mucho que lo intentamos, las amistades terminan. Quizás el punto final sea una gran pelea o una conversación triste, o puede que la amistad se vaya desvaneciendo. En cualquier caso, las rupturas entre amigos pueden causar uno de los dolores más intensos que hayas experimentado.

Afrontar esta pérdida puede ser muy duro, sobre todo si pasabas todo tu tiempo con esa persona y le enviabas mensajes constantemente cuando no los tenías al lado. De repente, notas un vacío *enorme* en tu día. Bueno, ¡en tu vida!

La mejor manera de superar estos horribles sentimientos es permitirte *sentirlos*. El final de una amistad es algo importante; trátalo en consecuencia. No pasa nada por que te sientas mal y llores. La angustia que produce el final de una relación sentimental es el tema de una cantidad ingente de canciones y películas, pero no es tan fácil encontrar otras sobre lo mal que se siente perder a un amigo o amiga. ¡Pero te entendemos! Por eso te sugerimos estas canciones sobre rupturas entre amigos (o que *podrían* interpretarse como tal). Escúchalas acurrucada en la cama y ponte tan triste como necesites.

Canciones para el fin de una amistad

* «Bad Blood» de Taylor Swift
* «We Used to Be Friends» de The Dandy Warhols
* «Don't Speak» de No Doubt
* «Real Friends» de Camila Cabello
* «Two Ghosts» de Harry Styles
* «People You Know» de Selena Gomez

Una vez que te hayas regodeado en tu tristeza un rato, escribe en tu diario para procesar la relación y lo que has aprendido de ella. Anota todas las emociones que sientes por tu antiguo amigo o amiga. ¿Estás enfadada, dolida, arrepentida, avergonzada, aliviada, tranquila, o una mezcla de todo lo anterior? ¿Podrías identificar señales que indicaran que la amistad no duraría? Piensa en cualidades que buscarás en próximos amigos y otras que harán que la amistad no funcione.

Sabemos que es difícil, pero nuestro consejo es que no hables sobre el fin de esta amistad con otros amigos comunes. Podría convertirse en carne de cotilleo desagradable o hacer que tus amigos sientan que tienen que tomar partido (¡tranquilízalos y diles que no es necesario! No importa lo enojada que estés). Es mejor que hables del dolor que te produce el fin de la amistad con alguien que no conozca a ese examigo; por ejemplo, si tu ex es de tu escuela, habla con un compañero de campamento. O, mejor aún, con un adulto. Seguro que entienden lo que estás pasando. Todos hemos perdido a un amigo en algún momento.

«Ojalá tuviera lo mismo que ella»

Si te haces amiga de otras chicas divertidas, seguras de sí mismas e inteligentes (¿y a quién no le gustaría?), es muy posible que te des cuenta de que sientes envidia de algo que tiene una de ellas. Puede que al verla moverse sin esfuerzo por la pista de baile pienses: «*¿Y por qué yo no sé bailar así?*». O quizás sientas celos de una persona a la que tu amiga parece preferir en ese momento. No importa qué forma tomen estos sentimientos: pueden ser bastante incómodos y ponerte de mal humor.

Lo primero es lo primero: vuelve al primer capítulo de este libro y asegúrate de que sabes cómo hacer para liberar tus sentimientos negativos de forma que no se dirijan *contra* alguien. Una vez que te hayas desahogado, detente a apreciar a la amiga de la que sientes celos. No la envidiarías a menos que fuera realmente increíble, ¿no crees?

Llegadas a este punto, transforma tus sentimientos negativos en positivos. Siéntete orgullosa de tu buen gusto a la hora de hacer amigos. Recuerda que la razón por la hay otras personas compitiendo por la atención de tu amiga es porque es estupendo estar con ella (y que, además, pasar tiempo con otras personas no significa que vaya a dejar de querer estar contigo). Alégrate de tener una relación cercana con una persona tan talentosa, divertida, elegante y ambiciosa. ¿Recuerdas el «mantra del brillo» de Ann y Aminatou *(no brillo si tú no brillas)*? ¡Dale la vuelta a los celos!

Por último, no olvides que *tú* también tienes cualidades magníficas. ¿Por qué si no querría una persona tan increíble como tu amiga estar cerca de ti? Es fácil que los celos se conviertan en una espiral de autocrítica, así que intenta tener presentes todas tus mejores y más singulares cualidades. ¡No desaparecen por mucha envidia que tengas!

VOCES REBELDES

«¡Todos somos especiales a nuestra manera!»
—Lizzie G., 13, Colorado (EE. UU.)

MÁS QUE AMIGOS...

Si todavía no te ha pasado, puede que pronto empieces a sentir un anhelo inconfundible por una persona especial e irresistible de tu vida. Cuando esté cerca, sentirás como si tu estómago se llenara de mariposas, o un pellizco en el corazón (créenos, notarás su presencia de inmediato). Puede que no te dejes de preguntar qué hacen a cada momento, que actúes de forma diferente cuando está en el mismo sitio que tú, que te maravillen su inteligencia y sentido del humor, o que te obsesione cada palabra que sale de su boca. Puede que incluso te resulte difícil comer, dormir o concentrarte porque esa persona no sale de tu mente. Esta atracción puede o no implicar el deseo de tocar o besar a esa persona, pero sentirás que es diferente a cuando buscas una amistad.

¡Enhorabuena!/Lo sentimos: tienes un crush.

Los *crushes* pueden ser emocionantes, pero también causar confusión, sobre todo si el objeto de tu afecto es alguien a quien conoces muy bien. Ahora tienes varias opciones. Puedes disfrutar de tu admiración y sentirla desde lejos. Pero ¿y si quieres hacer algo al respecto? Eso es un poco más complicado...

¿Será... amor?

Guardarte los *crushes* para ti misma es lo más fácil, pero puede que llegue un momento en que quieras confesar tus sentimientos. Debes tener en cuenta que, a tu edad (en realidad, a cualquier edad), dejarte llevar por el corazón te puede causar dolor o confusión. Si le dices a tu *crush* lo que sientes, te puede rechazar. O quizás sienta lo mismo. Puede ser el comienzo de algo maravilloso que dure mucho tiempo, o algo se puede interponer y ponerle fin rápidamente. Estos son los riesgos de las relaciones sentimentales: hay emociones fuertes de por medio que, a veces, lo ponen todo patas arriba.

¿Y qué pasa si lo que sientes parece más que un *crush*? ¿Será *amor*? Los adultos te dirán que es imposible que te enamores siendo tan joven. Pero no es cierto. Según los expertos, el cerebro en desarrollo de los adolescentes y preadolescentes es capaz de sentir emociones instintivas y básicas como el amor. Aun así, el amor y el enamoramiento pueden parecer ingobernables a tu edad. Bajo el influjo de un *crush*, tu cerebro carece del control y el buen juicio adecuados. Y con tus hormonas desbocadas, tardarás un tiempo en distinguir entre la atracción física y una auténtica conexión emocional.

Así que, sí; el amor que puedes estar sintiendo hacia otra persona es real, importante y sano. Sientes una fuerte fascinación por otra persona, y eso es increíble. Pero intenso. En caso de duda, echa el freno y detente a pensar. En la medida de lo posible, escribe cómo te sientes y reflexiona sobre el tema a menudo. Y sea cual sea la forma que adopte la relación, no lo olvides: eres una persona enormemente valiosa que merece respeto, paciencia y amabilidad en todo momento.

Sobre la orientación sexual y la identidad de género

Más o menos a la vez que empiezas a tener *crushes*, empezarás a intuir *quién* te suele gustar. Si cierras los ojos y piensas en quién te atrae o de quién podrías enamorarte, ¿qué te imaginas? ¿Un chico? ¿Una chica? ¿Ambas cosas? ¿Ninguna de las dos? Estas preferencias definen tu **orientación sexual**. Puede que hayas visto la abreviatura **LGBTQIA+**. Estas son las palabras que la forman:

Lesbiana: mujer que se siente atraída por otras mujeres

Gay: hombre que se siente atraído por otros hombres

Bisexual: persona que se siente atraída tanto por hombres como por mujeres

Transgénero: no es una orientación, sino más bien de una identidad. Luego hablaremos más de ello

Queer o questioning: esta etiqueta es muy amplia y deja espacio para todo tipo de preferencias y orientaciones

Asexual: se refiere a personas que tienen sentimientos románticos por sus parejas, pero deciden no expresarlos a través de actos físicos como los besos

Intersexual: persona que nace con partes biológicas tanto masculinas como femeninas

En este momento de tu vida, de quién te enamores o con quién salgas no determina necesariamente tu orientación sexual. Hay personas que lo tienen muy claro, pero la orientación de otras cambia muchas veces a lo largo de su vida. No debes sentirte presionada a «elegir un bando». ¡Ni ahora ni nunca! Lo único que debes saber es que, ames a quien ames, ahora o en el futuro, todo está bien.

Y ya que estamos, hablemos de la **identidad de género**. A menudo se agrupa con la orientación sexual pero, en realidad, es algo distinto. A muchos nos enseñaron que el género y el sexo son lo mismo, que todas las personas con pene son chicos y todas las que tienen pechos y vulva, chicas. Pero en realidad el género no es más que un conjunto de normas creadas por la sociedad que nos dicen cómo actuar, hablar, vestir... ¡Y no tienes por qué seguirlo si no quieres! Puedes ser una chica y llevar el pelo corto, o ser un chico y pintarte las uñas. Algunas personas transgénero sienten que nacieron en el cuerpo equivocado, que sus partes físicas no se corresponden con su género. Y también hay personas de género no binario, que no se sienten *ni* chico *ni* chica (o adoptan elementos de ambos géneros).

Puede que te sientas identificada con alguna de las cosas que hemos mencionado. O quizás no. Sea como sea, todo está bien, y tienes tiempo de sobra para descubrir tu identidad de género y cómo quieres expresarla. Como la orientación sexual, el género no es fijo y, desde luego, no es algo que tengas que averiguar de inmediato. Por ahora, siéntete libre de explorar los estilos y comportamientos que te interesan, sin preocuparte por las etiquetas.

Que otros lo hagan no significa que tú debas hacerlo

Es posible que hayas leído toda esta sección sin tener ni idea de lo que estamos hablando. ¿*Crushes*? ¿Amor? Quizás nunca se te hayan pasado por la cabeza. ¡Y eso también es perfectamente normal! No hay ninguna ley que diga que estás obligada a tener un *crush*, ni ahora ni nunca. Que te guste alguien puede ser muy emocionante, pero ocupa una cantidad enorme de espacio en tu mente. Así que librarse de las garras de los *crushes* tiene sus partes buenas.

Por desgracia, algunas personas de tu entorno pueden no ser tan amables con el hecho de que vayas a tu propio ritmo. Habrá quienes hablarán *mucho* de enamoramientos y besos, y puede que te hagan sentir mal por tus decisiones (quizás digan cosas como: «¿Nunca has tenido novio? *¡Qué rara!*»). Hay otras cuestiones que también despiertan este tipo de comportamientos, como romper las normas sobre el consumo de alcohol o tabaco. Esta actitud se llama «presión de grupo», y ser el blanco no es nada divertido.

Es comprensible que te cause cierta ansiedad. No hay nada peor que alguien te diga que vas tarde o que no eres normal en algún aspecto. Pero estamos aquí para decirte que no es así: *no* te has quedado atrás y *eres* normal.

VOCES REBELDES

«No te esfuerces de más por encajar y, desde luego, no te esfuerces de más por ser diferente. Esfuérzate solo por ser tú misma».
—Zendaya, actriz

En serio, ¡tenemos las cifras! Hoy en día, los jóvenes cada vez esperan más para tener sus primeras relaciones y experiencias sexuales. E incluso los que presumen de experiencia pueden sentir la misma ansiedad que tú. Por muy segura de sí misma que parezca la gente, la mayoría está secretamente preocupada por estar a la altura (¡y hay quienes mienten!). Así que si quieres tomarte tu tiempo, no estás sola.

Cuando sientas presión de grupo, es un buen momento para sintonizar tu intuición, cada día más fuerte. Si tu instinto te dice que no estás preparada para algo, ¡hazle caso! Y si te intentan menospreciar, siempre puedes responder algo como «¿No es genial que tú puedas hacer lo que quieras y yo también? Ambos tomamos nuestras propias decisiones».

Consentimiento: asegurarse de que todo el mundo está de acuerdo

Como ya sabes, tu cuerpo es tuyo y nadie tiene derecho a tocarte si tú no quieres que te toquen. Esto también aplica si decides tener un encuentro físico con tu *crush*. Incluso si estás interesada en explorar, es muy importante practicar el *consentimiento entusiasta*. Consiste en, básicamente, asegurarse de que ambas partes están de acuerdo con todo lo que está pasando.

Imagina esta situación: le dijiste a tu *crush* que te gustaba, y es correspondido. Tu primer beso será después de clase. ¡Qué emocionante! El primer beso solo se da una vez. Siempre puede ser un poco incómodo, pero todo será mucho más fácil si eres consciente de lo que está pasando y lo hablas con la otra persona. Pregúntate a ti misma: *¿Me estoy divirtiendo? ¿Quiero que algo cambie? ¿Quiero tomarme un descanso?* Si quieres parar, díselo. Un simple «Por ahora, prefiero llegar hasta aquí» debería bastar.

Piensa en tus propios límites, pero asegúrate también de preguntar a la otra persona: *¿Cómo estás? ¿Esto te parece bien?* También puede ser un buen momento para hacer un cumplido o decirle algo tranquilizador. ¡Lo más probable es que la otra persona también esté nerviosa! Ser sincero con tu pareja demuestra ternura y consideración. ¿En resumidas cuentas? Nadie debería querer besar a alguien que no se muera por besarle. Si alguien no parece respetar tus límites, es una *red flag* enorme para que pongas fin a la relación de inmediato. Nadie, ni siquiera alguien que te guste, te debe presionar para que hagas cosas que no quieres hacer.

PRESIÓN DE GRUPO Y HÁBITOS POCO SALUDABLES

Ya que hablamos de la presión de grupo, nos gustaría hablarte un poco de hábitos poco saludables a los que te puedes sentir presionada, como beber alcohol o fumar cigarrillos o marihuana. En pocas palabras: las drogas y el alcohol pueden hacer mucho daño al cuerpo, *especialmente* a uno que se está desarrollando como el tuyo. Como ya habrás aprendido en clase, los cigarrillos provocan problemas de salud graves como el cáncer de pulmón, y el alcohol y las drogas (como la marihuana), problemas cerebrales, cardíacos y hepáticos.

Hay jóvenes que pueden creer que se ven bien fumando o bebiendo, pero se suele deber a sus inseguridades en otros aspectos.

Nuestro consejo: di no y sal con amigos que hagan cosas sanas y divertidas que te interesen.

Si te sigues sintiendo presionada, habla con un adulto. No tienes por qué hacer frente a una situación tan delicada tú sola.

¡Tu primer baile!

Así que vas a ir a tu primer baile escolar: ¡qué emocionante! Sabemos, no obstante, que puede ser muy angustioso para algunos. Así que aquí tienes algunos consejos para que te prepares para una noche repleta de diversión.

Qué ponerte: Independientemente de si es un evento informal o más elegante, ponte algo cómodo y con lo que puedas bailar. Si no, te arriesgas a tener que estar en una esquina ajustándote un tirante mientras los demás lo dan todo al ritmo de tu canción favorita. Y, aunque no bailes, es probable que sudes. Piensa en un vestido vaporoso y transpirable, un *jumpsuit* bonito o tus *jeans* favoritos con un top nuevo. También puedes preguntar a tus amigas qué se pondrán, ¡ir coordinadas puede ser muy divertido!

¿Y el peinado y el maquillaje? Menos suele ser más, sobre todo por el sudor que mencionábamos. Hazte un peinado bonito, pero ten en cuenta que se irá deshaciendo a lo largo de la noche. Y aunque un poco de brillo está bien, tendrás que volver a aplicarte cualquier color de labios que escojas. ¿Nuestro consejo? Atrévete con algo especial (una nueva sombra de ojos, una pinza para el pelo), pero sé consciente de que no durará. ¡Y llévate una liga o una diadema para quitarte el cabello de la cara si te da calor!

Con quién ir: ¿En qué piensas cuando decimos «baile escolar»? La respuesta dependerá de tu escuela: en algunas, la gente acude con una cita; en otras, todos van con sus amigos. Puede que la segunda opción sea mejor para tu primer baile. La idea de buscar una cita puede añadir un estrés innecesario a una situación que, de otro modo, sería divertida. A menos que ya tengas a alguien en mente, lo mejor es que vayas con algunos de tus mejores amigos. ¡Será una experiencia genial!

¿Bailar o no bailar? ¡Bailar es muy divertido! Y no tiene por qué ser difícil. Encuentra el ritmo y síguelo con los pies, las caderas, los brazos... lo que te apetezca. Pero recuerda que no *tienes* que bailar. Los bailes escolares no son solo música y movimientos. También se trata de pasarlo bien con tus amigos y crear un nuevo vínculo con esa chica a la que apenas conoces. Así que si bailar te pone nerviosa, ¡no lo hagas!

Formar parte de la sororidad es como si millones de chicas te abrazaran a la vez: ¡es taaan reconfortante! Pero también puede ser intenso. Es una gran oportunidad y una gran responsabilidad. Para mí es importante ser una amiga comprensiva y amable, y ser también capaz de detectar quién es una buena amiga para mí. No todas las relaciones son fáciles, y quizás no duren para siempre. Pero cada vez que estrecho mi relación con alguien, crezco y practico cómo amar y respetar a otro ser humano. Y eso es lo más importante de la vida.

PREGUNTA A LAS EXPERTAS

A veces, cosas como el acoso escolar y el reto de hacer amigos pueden resultar un poco difíciles. En esta sección, la orientadora escolar Beth Lucas responde a preguntas al respecto que nos enviaron chicas como tú.

¿Cómo puedo ayudar a acabar con el bullying en mi centro? ¡Lo odio! —Ellie H., 10, California (EE. UU.)

Para ayudar a poner fin al *bullying* sé amable, respetuosa e integradora. Y anima a los demás a que también lo sean. Si ves un caso de acoso y te sientes cómoda defendiendo a la víctima (y si hacerlo es seguro), intervén y ayuda. Si no es así, es importante que se lo cuentes a un adulto de confianza que pueda apoyar a la víctima, así como al *bully* a tomar decisiones diferentes. ¡Recuerda que contarle a un adulto que se está produciendo una situación de acoso no es ser una acusica! Es asegurarse de que todos se sientan seguros y sean tratados con dignidad y respeto.

El mejor consejo que te puedo dar es que seas siempre tú misma. Quizás te parezca una tontería, pero céntrate más en hacer cosas que te gusten y menos en hacer amigos. Es probable que conozcas a gente en esas actividades donde, además, serás tu yo más feliz, lo que atraerá a la gente hacia ti. Si eres una persona creativa y te gustan el teatro o el cine, participa en la obra de teatro de tu escuela presentándote a una audición para un papel o sumándote al equipo técnico. Y cuando te relaciones con gente nueva, presta atención a cómo te tratan a ti y a los demás.

Beth Lucas, consejera escolar

En cuestiones de amistad, amor y *crushes*, la escritora y columnista (¡y autora de este libro!) Nona Willis Aronowitz sabe de lo que habla. Estas son sus respuestas a preguntas que nos enviaron chicas como tú.

¿Cómo puedo encontrar y hacer amigas que sean como yo, que no sean malas conmigo y me traten bien?
—Aliyah H., 10, Virginia, (EE. UU.)

Hay muchas formas de hacer amigos. A veces, la amistad surge porque nos gustan las mismas cosas, tenemos el mismo sentido del humor o compartimos los mismos valores. Si ser amable es importante para ti, presta atención a tus posibles amigos para ver cómo tratan a los demás: ¿son respetuosos y dulces? ¿Escuchan y animan a quienes les rodean? Ve despacio a la hora de trabar amistad; de este modo tendrás la oportunidad de saber de qué está hecha la gente. Incluso así, no hay forma de saber si nuestros amigos nos tratarán bien a largo plazo. Hacer amigos es como cualquier otro riesgo: siempre implica ser valiente, y puede que la amistad no dure para siempre. Lo importante es que tus amigos estén contigo y te apoyen. Si no lo hacen, no tengas miedo a terminar una amistad que te hace sentir mal.

Hay dos opciones: puede ser que tú también le gustes pero le de vergüenza decírtelo, o que no le gustes y no quiera hacerte daño. Mi consejo es que disfrutes de tener un *crush* y no analices cada pequeña interacción. Céntrate en esos sentimientos emocionantes y ligeramente aterradores (¡como las mariposas que sientes en el estómago cada vez que está cerca!), pero sigue siento tu yo natural, encantador y genial. Si te gusta gastar bromas, gástaselas. Y si te gusta bailar, baila. Muéstrate tal y como eres y, si les gustas, ¡genial! Pero si no es así no pasa nada, al menos viviste lo que es tener un *crush*.

Si dos personas se quieren de verdad, ¿por qué rompen?
—Ellie H., 10, California (EE. UU.)

¡El amor es maravilloso e intenso! Compartir esta conexión es una de las cosas más profundas que nos pueden ocurrir en la vida. Por desgracia, la triste realidad es que el amor no siempre es suficiente para mantener a la gente unida. Dos personas tienen que querer las mismas cosas, y ser amables la una con la otra. Aunque ames a alguien con locura, sus prioridades (o las tuyas) pueden cambiar y planear un futuro juntos deja de ser posible. Es cierto que, en una relación, el amor es básico y especial. Pero no lo puede todo.

**Nona Willis Aronowitz,
autora y columnista**

CAPÍTULO 5

Puedo hacer del mundo un lugar mejor

Puedo marcar la diferencia.

Últimamente hay muchas malas noticias. A veces parece que solo se habla de cosas terribles como la guerra, la violencia o el cambio climático. ¡Pero también oigo hablar de personas jóvenes que hacen cosas increíbles en todo el mundo! Y sé que puedo ser una de ellas. Sé que *soy* una de ellas. Puedo hacer cosas que ayuden a mi familia, a mis compañeros de clase, a mi barrio, quizás incluso al planeta. Así que, ¡prepárense! Estoy aquí, tengo un gran corazón y muchas ideas, y no dudaré en ponerlas en práctica.

LIDIAR CON MALAS NOTICIAS

Imagina esta situación: hay una gran crisis (por ejemplo, un enorme incendio forestal) y los adultos no se despegan de sus teléfonos y la pantalla del televisor. Los medios de comunicación muestran casas arrasadas por las llamas y personas que abandonan sus hogares, presas del pánico. Reina el descontrol. *¿Es que no hay nadie al mando?*

Vivir un momento así resulta aterrador. Pero ayuda saber que hay personas dispuestas a ayudar, que se unen para atender a las personas en apuros. Fíjate en las imágenes de la noticia del incendio forestal. ¿Ves a los bomberos al fondo? ¿A gente que reparte ropa y comida? ¿A líderes locales ofreciendo palabras de consuelo? Aunque en el momento sea difícil verlo, hay tragedias que sacan lo mejor de una comunidad: los desacuerdos se olvidan, y el instinto

protector de muchos entra en acción. «Terrible en sí mismo, el desastre puede convertirse en una puerta trasera al paraíso», escribió Rebecca Solnit. «Ese paraíso en el que somos quienes esperamos ser, desempeñamos la labor que queremos realizar y nos convertimos, cada uno de nosotros, en guardianes de nuestras hermanas y nuestros hermanos». A veces, de una catástrofe surgen más belleza y felicidad de la que había anteriormente. Quizás suene cursi, pero sobrevivir a una emergencia ayuda a algunas personas a apreciar el valor de la vida.

La clave para construir un mundo mejor es no olvidar que, aunque pasen cosas malas, tú también puedes ayudar. Puedes donar a una causa que te importe, como un refugio de animales. O entregar uno de tus juguetes a una campaña de recogida para niños cuyas familias no pueden permitirse regalos. Estos pequeños actos marcan una gran diferencia y harán que te sientas bien.

Saber es poder

Para sobrellevar algo que te asusta, te recomendamos aprender más sobre ello. ¡En serio! A menudo, tememos a las cosas porque no las entendemos. Mira este ejemplo: cuando la empresaria Mikaila Ulmer tenía cuatro años, le picaron las abejas *dos veces* en una misma semana. Las picaduras se hincharon mucho, y le dolían. A Mikaila le daba miedo salir a jugar. Pero, animada por sus padres, empezó a aprender más sobre las abejas. Descubrió que son muy importantes para nuestro ecosistema y que están desapareciendo a un ritmo alarmante. Cuanto más sabía, más le interesaban. Y su miedo se empezó a desvanecer. Tiempo después, Mikaila tenía que presentar un plan de empresa en la escuela. Y su investigación sobre las abejas le dio una idea. Decidió vender limonada endulzada con miel, ¡lo que fabrican las abejas! Fue todo un éxito. Mikaila puso en marcha su propio negocio, la limonada Me & the Bees, y destina parte de los beneficios a organizaciones que luchan por salvar a esta especie.

Tanto si sueñas con ser empresaria como Mikaila como si no, su experiencia te puede ayudar a hacer frente a cosas que te dan miedo en tu propia vida. Si se trata de una catástrofe natural, ¿por qué no investigas qué causa los huracanes o los incendios forestales y aprendes cómo podemos prevenirlos? O si lo que te preocupa es la violencia con armas de fuego, tal vez puedas buscar con un adulto qué organizaciones luchan por modificar la legislación; tal vez incluso puedan asistir juntos a una manifestación. Aprender sobre los problemas y las tragedias de nuestro mundo no impedirá mágicamente que ocurran, pero saber que hay cosas que puedes hacer para ayudar hará que te sientas mejor.

Cómo detectar fake news

Cada vez es más importante saber distinguir las noticias reales de las falsas. Literalmente, cualquiera con acceso a Internet puede publicar una «noticia», ¡pero puede no tener un ápice de verdad! Las *fake news* no solo confunden, sino que ponen en riesgo la salud y seguridad de las personas. Por tanto, tener *pensamiento crítico* sobre los titulares que ves en Internet es importantísimo.

Busca la información en otros medios. ¿Medios internacionales como *The New York Times*, CBS, CNN o Associated Press se han hecho eco de la noticia? ¿Te apareció una historia similar en las noticias de Google? Si no, es muy probable que sea una noticia falsa.

VOCES REBELDES

«Algunos de los activistas más apasionados que he conocido son jóvenes, porque luchamos por nuestro futuro».
—Shira Strongin, defensora de los derechos de las personas con discapacidad

Entra en la sección «Acerca de» de la web. ¿Ves algo sospechoso? Las fuentes de noticias legítimas exponen su filosofía, presentan a sus fundadores y quizás incluso quiénes las financian. Eso no pasa con quienes suben *fake news*.

Echa un vistazo al diseño. ¿Hay muchos anuncios emergentes, una URL extraña o errores ortográficos muy evidentes? Suelen ser señales de que el sitio está lleno de «clickbait» o de mentiras, no de noticias de fiar.

DESCUBRIR LAS CAUSAS QUE TE IMPORTAN

En el mundo hay tantas causas que merece la pena defender, que hasta la persona más sensata se puede sentir mareada y confusa. ¿Cómo escoger cuál de ellas defender?

A veces, la mejor manera de empezar es darte cuenta de qué cosas te enfurecen en el día a día. Piensa en tu rutina diaria y en qué desearías que fuera diferente. También es importante que recuerdes que las causas que defiendes no tienen por qué afectarte a ti. Tal vez hayas visto cómo se burlan de tu amiga LGBT, y eso haga que te quieras unir a la lucha contra el *bullying* o crear una alianza queer-hetero en tu escuela.

Asimismo, es buena idea que empieces a prestar atención a las noticias. Es cierto que a veces son tristes, pero también pueden ser fascinantes. Con solo leer un par al día (puedes probar en páginas como *TIME for Kids* o BBC Newsround), empezarás a acumular conocimientos y a entender el grande y complicado mundo en el que vivimos. Haz clic en los titulares que te llamen la atención y en los enlaces dentro del artículo. También puedes escuchar la emisora de radio pública local. Sus resúmenes de las noticias del día te amenizarán el camino a la escuela o a clase de ballet.

Puede que, una vez que te asomes a lo que ocurre más allá de tu pequeño rincón del mundo, tengas mucho más claro lo que causa una reacción en ti. Supongamos, por ejemplo, que te encanta leer y un día oyes una noticia sobre las zonas geográficas conocidas como «desiertos de libros». Los niños y niñas que viven allí tienen un acceso muy limitado a bibliotecas o librerías. La historia te afecta en lo más profundo: leer un libro y transportarte a otros mundos es una de tus cosas favoritas, y quieres que otros niños y niñas también puedan hacerlo. *¡Ahí lo tienes!* Has descubierto una causa importante para ti.

Imagina...

Jaclyn creció en una ciudad costera de Carolina del Sur. Algunos de sus mejores recuerdos eran en la playa: chapotear en las olas, hacer castillos de arena y buscar conchas para su colección. Su ciudad siempre había sido muy tranquila, hasta que un medio lo descubrió como la «joya escondida de Carolina del Sur». Desde ese momento, los turistas acuden en masa para pasar allí sus vacaciones. Jaclyn se dio cuenta de que la playa se llenaba de basura en los meses de verano. Un día incluso vio cómo una gaviota se comía un pedazo de plástico. Esto la indignó tanto que decidió pasar a la acción.

Jaclyn escribió a sus amigos y les propuso limpiar la playa durante el fin de semana. Les dijo que corrieran la voz. El sábado, siete jóvenes recogieron cinco bolsas de basura. Jaclyn, que estaba muy contenta, hizo una foto y la envió al periódico local. Al fin de semana siguiente... ¡acudieron veinte personas! Poco después, su movimiento de limpieza de la playa empezó a calar, y se convirtió en un evento recurrente que acontecía cada dos fines de semana. Resultó que la hermosa playa que recordaba de su infancia también era muy importante para otras personas de su comunidad. Y, gracias a Jaclyn, siguió siendo así.

HAZ QUE TU VOZ SE ESCUCHE

Para que las cosas cambien en tu comunidad (o incluso en tu país) puedes empezar por escribir cartas a esos mismos medios de comunicación que estás empezando a descubrir. Les gusta escuchar a sus lectores y muchos publican lo que reciben. ¿Un artículo te impactó mucho? Organiza tus ideas y escríbeles. Quizás sirva como altavoz para que tu opinión llegue a otras personas preocupadas por el mismo tema.

También puedes escribir a cargos públicos como alcaldes, senadores o incluso presidentes. Si te parece que estos adultos están demasiado ocupados como para escucharte, recuerda que ese es literalmente su trabajo: deben escuchar a quienes les votaron (¡y a sus hijos!). A veces, estas cartas llaman la atención de sus receptores, sobre todo si se basan en experiencias personales.

Un claro ejemplo es el de Mari Copeny. Cuando tenía ocho años, la también conocida como «Little Miss Flint» escribió al entonces Presidente Barack Obama. Le habló de la crisis del agua de su ciudad natal, Flint, en Míchigan. Allí, los cambios en el suministro de agua de la ciudad la habían contaminado con productos químicos. Mari sabía que había pocas posibilidades de que el Presidente leyera su carta, pero lo hizo de

todos modos, diciéndole que «incluso una simple visita suya o de su esposa levantaría el ánimo de la gente». Obama decidió visitar a Mari y a la gente de Flint. A raíz de la carta de Mari, el gobierno declaró el estado de emergencia en Flint y se destinaron 100 millones de dólares a solucionar la crisis. Todo empezó con una carta, pero Mari no se detuvo ahí. Después de su reunión con el Presidente, organizó una campaña de recogida de abrigos, puso en marcha un fondo de agua embotellada y recaudó cientos de miles de dólares para ayudar a los niños que más lo necesitan.

Si escribir cartas no es lo tuyo, puedes hablar con tus conocidos sobre los temas que te preocupan, como hizo Jaclyn cuando puso en marcha su iniciativa para limpiar la playa. Aprovecha las cenas en familia para hablarles de esas cuestiones que no

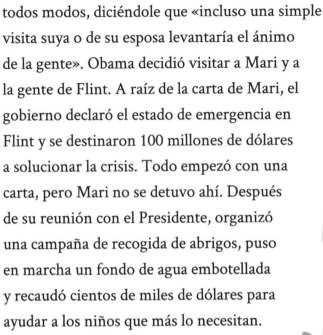

te sacas de la cabeza (¡ellos se lo buscaron!). Explica a tus amigos tus nuevos conocimientos sobre un tema político de camino a la escuela. Levanta la mano en clase de ciencias sociales cuando un acontecimiento histórico te recuerde a algo que está ocurriendo en la actualidad. Cuanta más práctica adquieras a la hora de hablar alto y claro sobre las cosas que te gustaría cambiar, más gente empezará a escucharte.

Pasar a la acción

Has hablado y escrito cartas... pero no te parece suficiente. ¿Cómo más puedes implicarte? Puede que te resulte tentador empezar a planear viajes a Washington DC o incluso la posibilidad de alistarse al Cuerpo de Paz en cuanto tengas la edad suficiente. Pero nuestro consejo es que vayas paso a paso. Empieza por tu comunidad, escuela o institución religiosa.

Aunque vivas en un lugar pequeño, seguro que en muchos lugares estarían encantados de contar con tu ayuda después de clase o los fines de semana.

¿Qué agrupaciones existen y qué grupos nuevos podrías crear? Echa un vistazo a las organizaciones benéficas locales, comedores sociales, bancos de alimentos, huertos comunitarios y refugios de animales. ¿Aceptan voluntarios de tu edad? ¿Hay alguna organización juvenil a la que te puedas unir? Apuntarte a este tipo de grupos no solo es una forma genial de conocer a gente que se preocupa por las mismas cosas que tú; también te irá bien tener un poco de estructura si eres nueva en esto del voluntariado.

Otra opción es hacer pequeñas cosas para ayudar a tu comunidad. Encontrar formas de echar una mano que saquen partido de tus puntos fuertes y encajen en tu agenda diaria es una forma estupenda de empezar a marcar la diferencia en tu comunidad.

Pequeños gestos para una gran diferencia

* ¿Se te dan genial las matemáticas o te encanta escribir trabajos? Averigua si puedes dar clases particulares a alumnos más jóvenes.

* Ofrécete a pasear el perro de tu vecino mayor o a cortar el pasto.

* Si tocas algún instrumento, da un pequeño concierto para los pacientes del hospital local.

* Ayuda a preparar una cena sencilla y llévasela a un amigo o familiar que tenga un nuevo bebé en casa.

Imagina...

¿Te acuerdas de Madeline, que se tuvo que mudar cuando su madre consiguió un nuevo trabajo? Aunque había pasado el tiempo, no se olvidaba de lo difícil que había sido hacer amigas nuevas y entablar conversaciones en la cafetería.

El recuerdo de aquellas semanas solitarias la llevó a crear una nueva tradición en su vida. Se propuso hablar con los alumnos nuevos que llegaban a su escuela. Sabía distinguir quiénes necesitaban un poco más de ánimo: los que no dejaban de mirar a todos los lados con nervios y jugueteaban con su ropa. O los se escapaban por la puerta de atrás para comer solos. Se veía reflejada en ellos.

Al principio, Madeline los acompañaba y les mostraba la escuela personalmente. Dibujó un mapa con códigos de colores e hizo copias para que los nuevos no se perdieran. También organizaba reuniones semanales para que todos se conocieran entre sí.

La profesora de inglés de Madeline se dio cuenta de su gran labor, y le sugirió que lo hiciera oficial. Madeline puso en marcha un programa de compañeros para que los nuevos alumnos se relacionaran con otros que llevaran más tiempo en la escuela. ¡A veces, un pequeño gesto amable se convierte en algo mucho más grande!

La unión hace la fuerza

Hacer feliz a la gente de tu comunidad es maravilloso, pero llegará un momento en que un tema te parezca urgente y quieras hacer algo al respecto *ya mismo*. Tal vez tu colegio haya implantado un código de vestimenta con el que no estás de acuerdo, o vayan a construir un edificio en lo que antes era un santuario de aves. Es el momento de reunir al mayor número posible de personas y pensar un plan. Que se corra la voz: inicia cadenas de mensajes, publica en tus redes sociales y pega carteles por toda la ciudad. No hay ninguna razón para que no seas tú quien convoque una reunión en el ayuntamiento o incluso organice una protesta pacífica. ¡La libertad de expresión también se aplica a los más jóvenes!

Hay escuelas con normas muy estrictas sobre las protestas, así que será mejor que te informes de las posibles consecuencias antes de organizar una manifestación o marcha. Cuéntaselo al menos a un adulto en quien confíes para que te aconseje sobre cómo enfocar el asunto. Pero en última instancia, tú decides si defender una causa en la que crees te compensa meterte en pequeños problemas. ¡Muchas Rebeldes de todo el mundo opinan que sí!

Los cambios no ocurren de la noche a la mañana

Que una causa despierte un fuego en tu interior no quiere decir que la puedas solucionar de inmediato. A menudo, una joven activista apasionada es solo una pequeña pieza de un movimiento mayor con muchas partes involucradas. Para lograr grandes cambios a menudo se necesitan adultos, dinero, organización, mucha gente que te apoye tanto en la calle como en Internet... y, por último, la atención de los legisladores más poderosos de la sociedad. No es imposible, pero no es fácil hacerlo realidad. Y puede que tu primer intento no logre nada. Mari tuvo suerte de que el Presidente Obama respondiera a su carta. Pero aunque no lo hubiera hecho, no habría sido motivo para que se desanimara y dejara de intentarlo.

Cuando intentas que las cosas cambien, la persistencia es la clave.

Los movimientos tardan *años* en dar sus frutos. El movimiento por los derechos civiles de Estados Unidos, por ejemplo, luchaba por que los ciudadanos negros fueran tratados como los demás. Muchos consideran el discurso de Martin Luther King Jr., «Tengo un sueño», el punto álgido del movimiento, aquel que llegó a los corazones y las mentes de los ciudadanos. Pronunció este discurso ante 250 000 personas en Washington, DC, en 1963. Pero el camino hasta allí no fue fácil. *Ocho* años antes del discurso, Rosa Parks, una mujer negra, se negó a ceder su asiento en el autobús e irse a la parte trasera, lo que desencadenó un boicot que duró más de un año. Y *todavía* hay objetivos del movimiento por los derechos civiles por los que se sigue luchando.

Así que si tu primer intento de pasar a la acción no acaba de cuajar: ¡no te rindas! Y vuélvelo a intentar.

PENSANDO EN EL FUTURO: ¿QUÉ SE ME DA REALMENTE BIEN?

Algunas chicas llevan soñando con ser doctoras, inventoras o surferas profesionales desde que eran pequeñitas. Otras no lo tienen claro, aunque la interminable lista de posibilidades las entusiasma. Aún queda mucho para que tengas que preocuparte por tu futuro trabajo y, de hecho, muchos adultos cambian de profesión un montón de veces antes de encontrar lo que les apasiona. Y, a veces, descubren que su pasión está fuera del trabajo. ¡No hay prisa por encontrar tu camino!

De todos modos, empezar a pensar en cómo quieres que sea tu futuro puede ser divertido. ¿Te gustaría codearte con líderes mundiales? ¿Ser la jefa de una gran empresa? ¿Pasar días intensos y tranquilos trabajando en tus novelas o pinturas? ¿Fundar una organización que ayude a mucha gente? ¡Todo es posible! Repasa las cualidades que te hacen ser quien eres. Cuando las tengas, piensa en un trabajo en el que te serían útiles. Si todos comentan que sabes escuchar, quizás termines siendo psicóloga. Si siempre estás defendiendo a los demás, podrías ser una organizadora sindical excelente, o abogada. Y si tus amigos acuden a ti a menudo para que les expliques lo que acabas de aprender en clase de ciencias, puede que lo tuyo sea ser profesora de ciencias... ¡o científica!

Recuerda que no hay presión por que elijas nada de momento. Pero siempre está bien que los adultos que te rodean te hablen de sus carreras profesionales. Empieza por preguntarles por todos los trabajos que han tenido a lo largo de su vida y cómo se entrelazan con otros objetivos vitales, como formar una familia o viajar por el mundo. ¡Puede que los giros de sus carreras profesionales te sorprendan!

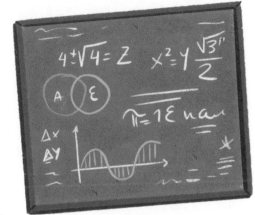

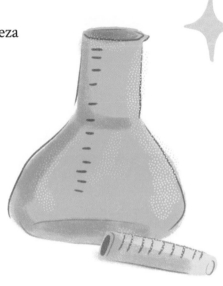

VOCES REBELDES

«Quiero ser una mujer poderosa, trabajar en una oficina gubernamental y tener poder de decisión. Quiero trabajar por la igualdad de las niñas».
—Diksha B., 17, Banke (Nepal)

Cómo hacer un vision board

Un *vision board*, o tablero de visión, incluye imágenes y citas inspiradoras. Si te gustan las manualidades, hazte con un corcho y algunas tachuelas para visualizar tu futuro, aunque también puedes crear una versión virtual en un sitio web como Pinterest. Busca en revistas o blogs y páginas web y recopila cosas que te animen. Aquí tienes algunas ideas:

Afirmaciones positivas. Como ya sabes, los mantras ayudan a aumentar tu confianza. Y las citas inspiradoras pueden tener el mismo efecto. Utiliza la letra de canciones alegres y motivadoras, citas de libros o discursos, o incluso las frases que publican en redes sociales mujeres a las que admiras.

Mujeres reales y empoderadas. Busca fotos de mujeres a las que admires en revistas de noticias y páginas web como *TIME*. ¿Qué las hace especiales? ¿Por qué te inspiran? Investiga un poco. ¿Cómo llegaron hasta donde están? Fíjate en mujeres con profesiones que te interesen, ya sean abogadas de traje, médicos con su bata o actrices con vestidos espectaculares de camino al estreno de su última película. Puede que estén dando un discurso, tecleando o buscando fósiles. Estas mujeres no tienen por qué ser famosas: pueden ser personas anónimas que marcan la diferencia (¡y se divierten haciéndolo!).

Imágenes de paisajes lejanos. Lo más probable es que nunca hayas ido de viaje sin tu familia, pero muy pronto tendrás ganas de explorar el mundo. ¿Adónde irías? ¿Qué verías? Decora tu corcho con fotos de playas, selvas, pirámides, el Partenón... cualquier destino que despierte la emoción en ti.

Inspo para tu vida actual. El «futuro» que refleja tu *vision board* no tiene por qué ser uno en el que ya seas adulta o estés en la universidad. Lo puedes utilizar para planear tu próximo cumpleaños, plantearte un cambio de estilo o buscar un hobby que quieras probar. Recorta fotos de ropa, peinados, deportes, actividades o combinaciones de colores que te gusten. ¡Ponte creativa!

¿Cuál es tu superpoder?

1. Tu cumpleaños es el mes que viene. Tu regalo es llevar a una amiga a hacer algo especial. ¿Qué eliges?

   A. Un musical.
   B. El acuario. ¡Quiero tocar las rayas!
   C. Una clase de repostería para que las dos aprendemos algo nuevo.
   D. Un parque de camas elásticas.

2. La obra escolar será dentro de poco. ¿Cuál sería el papel de sus sueños?

   A. Diseñadora de vestuario. ¡Me encanta hacer cosas!
   B. Quiero ayudar a construir los decorados.
   C. Me gustaría tener el papel protagónico. Me encantan los focos.
   D. Formar parte del cuerpo de baile podría ser divertido.

3. Tienes que llevar algo a la escuela y presentarlo a tus compañeros. ¿Qué eliges?

   A. El último cuadro que pinté.
   B. La maqueta del sistema solar que me regaló mi padre.
   C. El cartel que hice para mi puesto de limonada del verano.
   D. Una camiseta firmada por mi deportista favorita.

4. ¿Cuál es tu materia favorita en la escuela?

   A. Arte.
   B. Matemáticas.
   C. Historia.
   D. Educación física.

5. ¿Cuál es su tipo de reality favorito?

A. Me encantan los de repostería. ¡Lo que la gente es capaz de crear me parece increíble!

B. Me gustan mucho los programas de reformas.

C. Los programas sobre gente que inventa cosas y crea empresas me divierten mucho.

D. Me gustan mucho los de carreras de obstáculos y las competencias de baile.

6. ¿Cómo te describiría tu mejor amiga si solo pudiera usar una palabra?

A. Creativa.

B. Inteligente.

C. Extrovertida.

D. Atlética.

7. ¿Qué es lo que más le gusta de los trabajos en grupo?

A. Diseñar el póster o la presentación PowerPoint.

B. Investigar el tema.

C. Tomar la iniciativa: delegar las tareas y asegurarme de que todos tengan lo que necesitan.

D. Presentarlo delante de la clase.

Respuestas

MAYORÍA DE «A»: ARTISTA ASOMBROSA

¡Eres un alma creativa! Quizás te guste pintar, escribir o bailar. Sea cual sea tu talento, tu energía artística brilla con luz propia. ¡Sigue creando cosas increíbles!

MAYORÍA DE «B»: ESTRELLA DEL STEM

Eres inteligente y curiosa. Parece que una carrera en el ámbito STEM podría ser lo tuyo. Estamos impacientes por ver tus logros como ingeniera, médico o científica.

MAYORÍA DE «C»: LISTA PARA LIDERAR

¡Has nacido para liderar! No dudas en tomar las riendas y hacer que las cosas sucedan. Quizás algún día tengas tu propio negocio o inventes algo nuevo. ¡Confiamos en ti!

MAYORÍA DE «D»: ATLETA DE ÉLITE

Parece que alguien por aquí tiene un sueño olímpico. Te tomas el deporte muy en serio. Con tu talento y determinación, vas camino del estrellato.

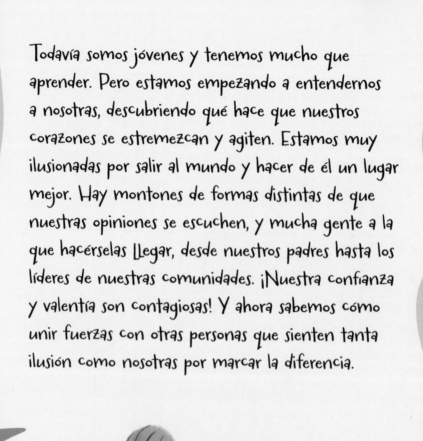

Todavía somos jóvenes y tenemos mucho que aprender. Pero estamos empezando a entendernos a nosotras, descubriendo qué hace que nuestros corazones se estremezcan y agiten. Estamos muy ilusionadas por salir al mundo y hacer de él un lugar mejor. Hay montones de formas distintas de que nuestras opiniones se escuchen, y mucha gente a la que hacérselas llegar, desde nuestros padres hasta los líderes de nuestras comunidades. ¡Nuestra confianza y valentía son contagiosas! Y ahora sabemos cómo unir fuerzas con otras personas que sienten tanta ilusión como nosotras por marcar la diferencia.

PREGUNTA A LAS EXPERTAS

La autora Nona Willis Aronowitz y la orientadora escolar Beth Lucas están de vuelta para abordar preguntas sobre temas de actualidad y cómo marcar la diferencia.

> Algunos de mis amigos tienen una cosa específica que les encanta, como dibujar o bailar, pero yo no. A mí me gustan muchas cosas diferentes. ¿Pasa algo?
> —Carmen R., 14, Florida (EE. UU.)

¡Claro que no! Parte de hacerse mayor consiste en descubrir lo que te gusta y lo que no. Y, por suerte, no tienes un plazo para hacerlo. Lo más importante es que estés dispuesta a probar cosas nuevas y a asumir algún riesgo. Puede dar miedo, pero es la mejor manera de aprender sobre ti misma y descubrir de lo que eres capaz. ¡Quizás te lleves una grata sorpresa!

¿Qué puedo hacer si veo algo que me asusta en las noticias?
—Izzy B., 12, Dakota del Sur (EE. UU.)

Del mismo modo que cuidas lo que comes, también deberías cuidar lo que ves, escuchas y lees. Ser consciente de lo que ocurre en el mundo nos descubre nuevos puntos de vista y nos enseña a apreciar a otras personas y culturas. Pero será mejor que te informes en medios y pódcasts dirigidos a los niños, como BBC Newsround. Si ves o lees artículos que te ponen triste o asustan, díselo a un adulto para que te ayude a procesar tus sentimientos. Y recuerda que no pasa nada por tomarse un descanso de las noticias. ¡Incluso los adultos deberían hacerlo!

¿Qué debo hacer si he encontrado una causa que quiero defender, pero que ni mis amigos ni mi familia comparten?
—Priya N., 13, Massachusetts (EE. UU.)

El colegio es un buen lugar para conocer a otras personas que se sienten como tú. Es muy probable que otros alumnos de tu escuela también quieran defender la misma causa. Si ya existe un club o una organización, ¡únete! Si no lo hay, pide a un profesor o profesora que lo patrocine y créalo tú misma. Es una forma estupenda de conocer gente con intereses similares y hacer algo que crees que merece la pena.

También puedes buscar una agrupación dedicada a la causa que te interesa en tu entorno. Por ejemplo, si lo que te apasiona son los animales, investiga si puedes ser voluntaria en el refugio de animales de tu localidad. Y puesto que quizás necesites el permiso de uno de tus padres o de un adulto, pide permiso antes de comprometerte.

**Beth Lucas,
consejera escolar**

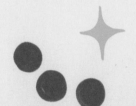

¿Por qué las noticias se centran en todo lo malo en lugar de las cosas buenas que ocurren?
—Aubree F., 9, Nueva York (EE. UU.)

Hay dos razones: una buena y otra no tan buena. Uno de los principales cometidos de los medios de comunicación es llamar la atención sobre los problemas del mundo. Esto está bien, pues es más probable que un problema se resuelva si se habla de él. Por desgracia, a veces las noticias se parecen a los rumores y cotilleos. Es mucho más probable que la gente hable de las cosas malas e impactante que de algo positivo y reconfortante. Además, los medios de comunicación son empresas. Y, puesto que quieren ganar dinero, nos tienen que mantener interesados. Mi consejo es que no prestes atención a ese tipo de noticias y te centres en las soluciones. Y cuanto más sepas, ¡más podrás ayudar!

**Nona Willis Aronowitz,
autora y columnista**

ÍNDICE

A

aceptación 74, 188
acné *Véase* granos
adultos 152-155
agradecer 124
Al Haddad, Amna 84
alegría 43
alergias 89
Alhumedhi, Rayouf 249
ambivalencia 42, 68
ambivertidos 200-201
amígdala 15-17
amigos
    atención plena 190-192
    ayudar 56
    cómo hacerlos 240
    compartir intereses 190-192
    cumplidos 190-192
    escucha activa 190-192
    hacer nuevos 202-203
    ponerse en contacto 190-192
    preguntas y respuestas: edición amistad 192
    tarjetas y manualidades hechas a mano 190-192
amor 158-162, 228, 241
ánimo 187

anorexia 137
ansiedad 56-57, 78-79
    trastorno de ansiedad 56
ansiedad académica 52-55
antitranspirante 109
aparato digestivo 86-87
aprendizaje auditivo 18
aprendizaje visual 18
Aronowitz, Nona Willis 240, 273-274, 280
asexual 229
asma 89-90
ataques de pánico 57
aumentar la confianza 101, 45
autismo 72
autocuidado 141-143

B

baile 130
bailes escolares 234-236
BBC Newsround 249
belleza 119-123
Bell, Kristen 70
Biles, Simone 35
bisexual 229
brasiers/sujetadores
    primera compra 114-116
    vergüenza 147

brasiers deportivos y bralettes 115
Brown, Millie Bobby 216
bulimia 137
bullying 213-217, 238
buscar ayuda 64

C

calambres 104
camisetas de tirantes 114
camisetas interiores 114
canciones de ruptura 224
candidiasis 110
carreras, encontrar la tuya 262-263
Cat-Wells, Keely 91
causas
    descubrirlas 249-251
    hacer oír tu voz 252-254
    importantes para ti 272
    pasar a la acción 255-259
    que cambian las cosas 261
    que unen a personas 260
celos 38-39, 225-226
cena en familia 155-156
cerebro
    alimentación y ejercicio 136
    crecimiento y anatomía 15-16

hemisferios 17

imaginación 19

increíble 14

músculo 21-26

procesamiento de la
    información 17

y aprendizaje 18

y felicidad 79

y salud mental 20

«cerebro derecho» 17

«cerebro izquierdo» 17

ciclismo 129

cocina 177

compañera de
empoderamiento 125

competitividad 198-199

confianza 44-45

confusión 42

conocimiento como poder
    246-247

consentimiento 126, 232

conversación, cómo
    empezar 204-205

Copeland, Misty 158

cortesía 218-219

córtex prefrontal 15-17

córtex, prefrontal *véase
    también* cerebro,
    crecimiento y
    anatomía

Crabbe, Megan Jayne 119

crecimiento 88

crema solar 107

crushes 227-228, 241

culpa 41

cuerpo

    componentes 83-88

    ejercicio 127-133

    hacerle caso 131

    nutrición 134-139

    pubertad 92-111

    que funcionan de forma
        diferente 89-91

    sueño 140-141

cuerpo humano

    aparato digestivo 86-87

    crecimiento 88

    cuerpos que funcionan
        de forma diferente
        89-91

    músculos 83-84

    huesos 84-85

    sistema inmunitario 86

cuerpos retocados 123

D

de confianza 189

depresión 48-64

dermatólogos 107

desodorante 109

diabetes 90

discapacidad 90-91

disculpas 41, 222

dislexia 72-73

duelo 65-66

E

Edison, Thomas 54

ejercicio

    diario 128-130

    estrés 127

    hidratarse, estirar
        y escuchar a tu
        cuerpo 131

El diario de Ana Frank 28

emociones *Véase*
    sentimientos

empatía 74, 166

endorfinas 127

envidia 38-39, 225-226

escuela y estrés 52-55

esófago 87

estiramientos, importancia
    131

estrés

    estrés y la escuela 52-55

    lidiar con 48-49

preguntas a las expertas 76

estrógeno 58, 88, 92, 117

extrovertidos 200-201

F

fagocitos 86

fake news 248

familias

  adultos, cómo conocerlos 152

  adultos, enojarse con 162-163

  ayudar en casa 175-179

  cena en familia 155-156

  cómo pedir algo especial 164-165

  desacuerdos 162

  domingo/paga 180-181

  lugar tranquilo 170-174

  planes en familia 168-169

  problemas fraternos 166-167

  tipos 158-161

  tradiciones familiares 156-157

felicidad y la mente 79

fiabilidad 189

flujo vaginal 97

fracasos, salir adelante 34-35

Friedman, Ann 187

frustración 39-40

fruta y verdura 134

G

gay 229

Gomez, Selena 188

glándula pituitaria 88

glóbulos blancos 86

Grandin, Temple 73

granos 95-96, 106-107

grupitos 239

guía de depilación 112-113

H

hermanos 166-167, 183

hidratación 131

hogares, múltiples 182

hueso compacto 84-85

hueso esponjoso 84-85

huesos 84-85

I

identidad de género 229-230

imaginación 19

inclusión 188

instinto, hacerle caso 30-31

intereses 270

intersexual 229

introvertidos 200-201

ira 14, 39-40, 46-47, 58, 105

J

jardinería 178

Jennings, Te Manaia 63

Jung, Carl 200

K

kinestésico 18

kit para sentirte mejor 59

L

lavado de coches 178

lealtad 189

leer 21

lesbiana 229

leucocitos 86

LGBTQIA+ 229

Lovelace, Ada 16

Lucas, Beth 238, 270-271, 282

«lucha o huida» 15, 56-57

M

malas noticias, lidiar con 245-246, 271

mandona 217

mantener una actitud positiva 78-79

mantras de apreciación de tu cuerpo 124

maquillaje 108

mascotas 62, 179

Matrooshi, Nora Al 247

médula ósea 84-85

memorización 22

menstruación
cuándo 144
dolor 146
introducción 98-99
primera regla 99-100
sensaciones y calambres 104
síndrome premenstrual 105
tampones, toallas y otros productos 100-103
Morrison, Toni 28
músculos 83-84
músculos cardíacos 84
músculos esqueléticos 83-84
músculos lisos 84

N
naturaleza y sentimientos 63
neurodivergente 73
neurodiversidad 73
neurotípico 73
neutralidad corporal 120
neurotrofinas 127
noticias 273
nutrición 134-139
Nyong'o, Lupita 151

O
Ojos azules (Morrison) 28
olor corporal 95
orgullo 42-43

orgullo corporal
cómo detectar fotos manipuladas 123
debate 119-121
y los medios de comunicación 122
orientación sexual 229-230
Out of Darkness (Pérez) 28

P
paciencia 74
pápulas o quistes 96
pasear 128
pasear perros 128-129
pecho 93-94
peleas y reconciliaciones 220-223
pérdida 65-66
Pérez, Ashley Hope 28
perfeccionismo 24-26
periostio 84-85
perspectiva 54
piel, protección 106-107
power poses (poses de poder) 125
preocupación 15, 31, 48-49, 50-51, 78, 128, 142, 144
presión de grupo 233
problemas de aprendizaje 77
propiedad del cuerpo 126

prostaglandinas 146
pubertad
cambio de forma 92-93
cambios en el cabello 117-118
flujo vaginal 97
granos 95-96
maquillaje 108
menstruación 98-105
olor corporal 95
orgullo corporal 119-121
pecho 93-94
primeros brasiers 114-116
protección de la piel 106-107
refrescarse 109-110
vello de las piernas 110-113
vello púbico 96-97
puntos blancos 96
puntos negros 96

Q
queer o questioning 229

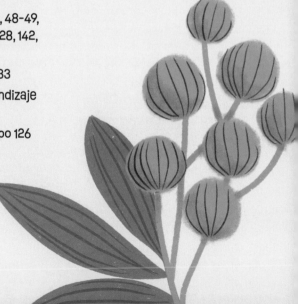

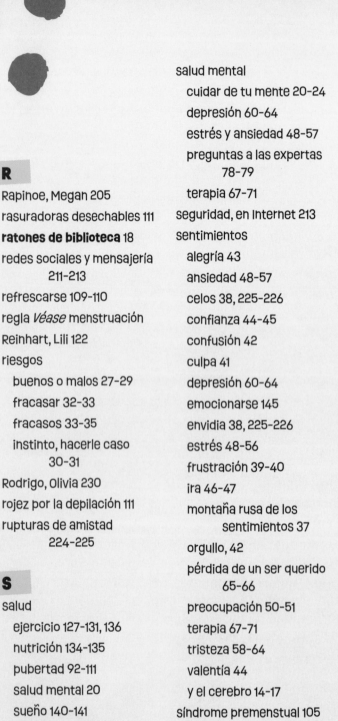
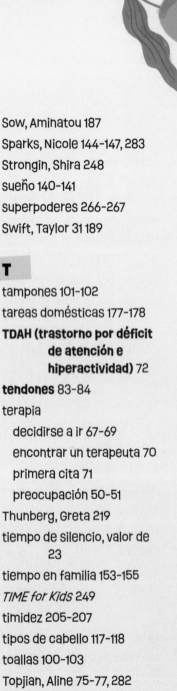

R

Rapinoe, Megan 205

rasuradoras desechables 111

ratones de biblioteca 18

redes sociales y mensajería 211-213

refrescarse 109-110

regla *Véase* menstruación

Reinhart, Lili 122

riesgos

buenos o malos 27-29

fracasar 32-33

fracasos 33-35

instinto, hacerle caso 30-31

Rodrigo, Olivia 230

rojez por la depilación 111

rupturas de amistad 224-225

S

salud

ejercicio 127-131, 136

nutrición 134-135

pubertad 92-111

salud mental 20

sueño 140-141

tu cuerpo 55, 83-88, 106-116

salud mental

cuidar de tu mente 20-24

depresión 60-64

estrés y ansiedad 48-57

preguntas a las expertas 78-79

terapia 67-71

seguridad, en Internet 213

sentimientos

alegría 43

ansiedad 48-57

celos 38, 225-226

confianza 44-45

confusión 42

culpa 41

depresión 60-64

emocionarse 145

envidia 38, 225-226

estrés 48-56

frustración 39-40

ira 46-47

montaña rusa de los sentimientos 37

orgullo, 42

pérdida de un ser querido 65-66

preocupación 50-51

terapia 67-71

tristeza 58-64

valentía 44

y el cerebro 14-17

síndrome premenstrual 105

soltarlo 24-26

«sororidad de suministro» 103

Sow, Aminatou 187

Sparks, Nicole 144-147, 283

Strongin, Shira 248

sueño 140-141

superpoderes 266-267

Swift, Taylor 31 189

T

tampones 101-102

tareas domésticas 177-178

TDAH (trastorno por déficit de atención e hiperactividad) 72

tendones 83-84

terapia

decidirse a ir 67-69

encontrar un terapeuta 70

primera cita 71

preocupación 50-51

Thunberg, Greta 219

tiempo de silencio, valor de 23

tiempo en familia 153-155

TIME for Kids 249

timidez 205-207

tipos de cabello 117-118

toallas 100-103

Topjian, Aline 75-77, 282

tops 115

tradiciones familiares
156-157

transgénero 229

trastornos alimentarios
137-139

U

una misma, ser 208-210

V

Vaccaro, Alexandra 78-79,
182-183, 283

valentía 44

vello de las piernas 110-113

vello púbico 96-97

vision boards 264-265

W

Winfrey, Oprah 31

Y

yoga 130

Z

Zendaya 231

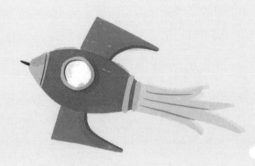

CONOCE A LAS CREADORAS

NONA WILLIS ARONOWITZ es autora y editora. Experta en hablar a los adolescentes con humor y desde el corazón, escribe una columna quincenal en *Teen Vogue*. Sus textos han aparecido en publicaciones como *The New York Times*, *The Cut*, *Elle* y VICE. Vive en Nueva York con su pareja y su hija.

CARIBAY MARQUINA es ilustradora. Nacida y criada en Mérida (Venezuela), vive ahora en Buenos Aires (Argentina). En sus ilustraciones se aprecian las tendencias de moda más actuales, sus experiencias personales y una nostalgia constante por el entorno natural de su infancia.

CONOCE A LAS EXPERTAS

Beth Lucas es orientadora escolar en el sistema educativo de Maryland (Estados Unidos), donde trabaja desde hace 23 años. Forma parte del equipo de crisis del condado y del colegio profesional

Beth Lucas, consejera escolar

de consejeros escolares del condado de Howard. Representa también el programa de asistencia al alumnado, así como la asociación Arcoíris de su centro escolar. Es licenciada en desarrollo humano y estudios familiares por la Universidad estatal de Pensilvania, tiene una maestría en orientación escolar de la Universidad Loyola de Maryland y un certificado en administración y supervisión de la universidad Johns Hopkins. Lo que más le gusta de trabajar con adolescentes es entablar relaciones con ellos y ver de cerca el enorme crecimiento que experimentan durante su paso por el centro. Fuera de la escuela, a Beth le encanta hacer manualidades y viajar con su marido, Rich, y su hija Mia.

Aline Topjian, asesora de aprendizaje socioemocional

Aline Topjian es asesora de aprendizaje socioemocional con una maestría en psicología educativa y más de 10 años de experiencia como orientadora escolar y educadora especial al servicio de niños y padres de diferentes entornos socioeconómicos, educativos y culturales. Le fascina analizar los mensajes malsanos que se cuelan a través de los medios de comunicación y ayudar a eliminarnos para que dejen de moldearnos de forma inconsciente. ¡Y no es capaz de salir de una librería sin un libro nuevo!

La Dra. Nicole Sparks, del Colegio estadounidense de obstetras y ginecólogos, es licenciada en obstetricia y ginecología y actualmente ejerce la

Dra. Nicole Sparks, ginecóloga

medicina en una zona rural de Georgia. Sus grandes pasiones son empoderar a las mujeres para que tomen las riendas de su salud y reducir la tasa de mortalidad materna en Estados Unidos mediante la concienciación y la educación de sus pacientes. También tiene un blog (nicolealiciamd.com) y crea contenido sobre estilo de vida. Habla de una gran variedad de temas, desde compaginar la vida profesional y familiar hasta el bienestar menstrual, pasando por cómo mantenerse empoderada durante el embarazo y el posparto. Es muy activa en las redes sociales, especialmente Instagram y TikTok, y forma parte del consejo de administración de FemHealth. La Dra. Sparks es autora de un libro infantil y ha aparecido en medios como Bustle, Pop Sugar, BuzzFeed, *Glamour* y Hello Giggles. También es editora en VeryWell Family.

Alexandra Vaccaro, psicoterapeuta

Alexandra Vaccaro es terapeuta en el estado de Nueva Jersey (Estados Unidos). Obtuvo su maestría en atención psicológica en la Felician University y completó su residencia en terapia ambulatoria en Care Plus NJ, donde trabajó con niños, adolescentes y adultos. También es profesora de yoga y está certificada como terapeuta de yoga. Como tal, incorpora el yoga en sus sesiones de terapia con un enfoque innovador para mejorar la salud emocional y el bienestar de sus pacientes.

Divertidas e inspiradoras historias
de mujeres reales.

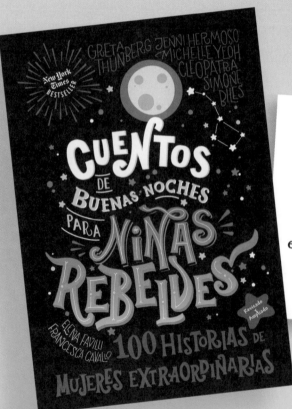

Este volumen de Cuentos
de buenas noches para
niñas rebeldes narra la vida
de 100 mujeres valientes y
extraordinarias y, además, cuenta
con las ilustraciones de artistas
de todo el mundo.

Cartas, poemas, ensayos, autorretratos y mucho más de 60 mujeres extraordinarias que comparten sus experiencias, sus consejos y los secretos de su éxito.

Y para las rebeldes más pequeñas:

Con texto sencillo y maravillosas ilustraciones que reflejan el espíritu indomable de cada mujer. El libro de buenas noches favorito de las pequeñas rebeldes en todo el mundo.

ACERCA DE REBEL GIRLS

REBEL GIRLS es una marca multiplataforma de empoderamiento disponible en todo el mundo. Su objetivo es inspirar y empoderar a la próxima generación de niñas a través de contenidos, experiencias, productos y comunidad. Desde su primer best-seller infantil, sirve como altavoz de las historias de mujeres reales de todas las épocas, lugares y campos de especialidad. La marca cuenta con una comunidad de casi 20 millones de Niñas rebeldes en más de 100 países, y muestra su compromiso con la generación alfa en su serie de libros, pódcast, eventos y productos. Desde 2021 cuenta con su propia aplicación, en la que las niñas pueden explorar un mundo maravilloso lleno de las historias reales de mujeres inspiradoras y extraordinarias.

Como B Corp, formamos parte de una comunidad de empresas a nivel mundial que cumple elevados estándares de impacto social y medioambiental.

Únete a la comunidad de Rebel Girls:

✦ Facebook: facebook.com/rebelgirls
✦ Instagram: @rebelgirls
✦ Twitter: @rebelgirlsbook
✦ TikTok: @rebelgirlsbook
✦ Página web: rebelgirls.com
✦ Pódcast: rebelgirls.com/podcast
✦ Aplicación: rebelgirls.com/app

Nos harías muy felices si publicas una reseña del libro donde sea que te guste reseñar libros.